幸せなお金持ちほど「千円札」を大事にする

才能も努力もいらない「お金に困らない人」がやっている当たり前

著述家・講演家 臼井由妃 Usui Yuki

WAVE出版

はじめに――
「千円札」とのつきあい方次第で人生が変わる！

こんにちは、臼井由妃《うすいゆき》です。

街の書店で、あるいはネット書店で、あなたが本書に目をとめてくださるのを、私は心待ちにしていました。

なぜなら本書には、あなたが探し求めてきた、

「お金持ちになるには、何をするべきか？」

の答えがあるからです。

そのカギになるのが、**「正しいお金とのつきあい方」**。

なかでも**「千円札」**が要になります。

「え？　1万円札ではなく？」

と思った方。本書に書いてあるのは、年齢や時代を超越して輝き続け、「お金に愛されている」と誰もが認める数多《あまた》の「幸せなお金持ち」たちから学び、私自身が長年実践し続けてきたことです。

特に、**「すぐにできる」「継続できる」「効果が実感できる」千円札とのつきあい方を厳選しました**。

44歳の時に会社のオーナーだった夫が死去。彼には、私に秘密にしていた3億円にも及ぶ負債があることがわかり、その返済のために土地や不動産、車など、ありとあらゆるものを売却。服飾品や時計といった現金化できるものもすべて処分。

文字通り「丸裸」になった私は、幸せなお金持ちたちから**「意味がある、喜びを与えてくれる千円札の使い方を理解することが、お金とのつきあい方の基本」**だと教えていただき、それを実践し続けることで、結果として早期に借金を完済。

私を立ち直らせてくれた**「救世主」**ともいえるのが、本書の主役「千円札」の使い方なのです。

これまでの人生、失敗続きだったりお金とは無縁だったりする方、優秀なスキルやキャリアがあるのに、仕事や生活に行き詰まりを感じている方……、どうか諦めないでください。もう心配はいりません。

ほんの少し千円札との向き合い方やつきあい方を変えるだけで、いい人との出会いが生まれ、お金に恵まれ、たくさんの幸運があなたのもとにやってきます。

さあご一緒に、「幸せなお金持ち」になるための旅に出かけましょう。
人生を果てしなく飛躍させる時がきたのです。

2025年2月吉日

臼井由妃

第2章 「千円札」の使い方次第で、人間関係がよくなる　57

第5章 幸せを実感する、「千円台」のお金の使い方

ブックデザイン　大場君人
漫画・イラスト　髙柳浩太郎
企画・編集協力　遠藤励起
校正　株式会社ぷれす

第1章

幸せなお金持ちに学ぶ「千円札」とのつきあい方

1000

はあ～
今月も
お金がない！
給料日まで
もつかなあ
ずーーん
給料日
ねえ
普段からちゃんと
お金と仲良く
してる？
フラフラ
えっ
お金と仲良く？
そう、仲良く
ていうか、千円札じゃん！！
ラッキー
うーん……

って急に言われてもよくわからないよね
うん正直わからない
とりあえず君とは仲良くしたいな
とっても簡単な話なんだけど
うんなになにー？
何買おうかなー
「千円札」を大事にすればいいんだよ
へーなるほどねー
ん？　千円札？
ホジ
一万円札じゃなくて？？
ホジ

お金は、意味のあるものや心躍るものに使う

かつての私は「一流ブランド」が大好きで、高価な時計やジュエリーなどを身につけることが「経営者」として当然だと考えていました。それらを所有することで、安心感を得ていたのです。

逆に言えば、他人の目を意識したお金の使い方で、「まがい物のステータス」に浸っていただけでした。

しかし２００５年１月。私が44歳の時に会社のオーナーだった夫が死去。３億円にも及ぶ負債があることが明らかになり、借金返済のために、あらゆるものの売却を余儀なくされました。

土地や不動産、骨とう品を売却し、預貯金を取り崩し、保険を解約。所有していた車も売却しましたが完済には至らず、「ステータス」にしていた服飾品や時計など現金化できるものも「食べるため」にすべて処分しました。

文字通り「丸裸」になったのです。

しかし、ある「靴」だけは売る気にはなれませんでした。売ったところで千円にもならなかったと思いますが、「著述業を生業《なりわい》にしたい！」と決め、歩みを始めた時に購入した「大切な品」だったからです。

この時、始めて「お金は、意味があるものや心躍るものに使うのが、自分にもお金にも最善なこと」だと学びました。

靴底を張り直し、ヒールを修理し履き続けてきた靴は今やボロボロですが、足を入れるたびにエネルギーが湧き上がり、笑みがこぼれます。

人間関係のトラブルや仕事のミスが生じ、凹《へこ》んだ時でも、この靴がたちまち救ってくれました。

私にとっては今もこの「古びた靴」が、この世で一番意味があり心躍るものなのです。

もし何かの理由で取り上げられたら、相場の100倍でも買い戻すことでしょう。


意味のあるものや心躍るものは、私たちの生きた証《あかし》です。

他人には不要であっても、あなたは大事にしたいと思う。

皆が所有していても、あなたはまったく必要性を感じない。

そんなふうに、**自分の意思できちんと選択し、お金を使う。**

それが、正しいお金とのつきあい方です。


そのお金が、たとえ千円であっても、何となくお金を使い続けていると「お金持ち」にはなれません。

それは、お金へのリスペクトが感じられない行いだからです。

千円の「何となく遣い」も、積み重なれば「1億円を超える無駄遣い」にも通じます。

それでは次項から、本書のテーマである、「あなたにとって意味がある、喜びを与えてくれる千円札の使い方とは何か」を考えていきましょう。

幸せなお金持ちへの道

「意味があり心が躍るか？」を基準にお金とつきあう。

支払いは「千円札」を基準にイメージする

「幸せなお金持ち」は、お金が持つ「5つの力」である**「使う」「稼ぐ」「増やす」「守る」「貯《た》める」の役割**を、きちんと理解しています。

さらに、**「お金の力をいかに鍛えるか」**も常に考えています。

それらがきちんとできれば、経済情勢が不安定を極め社会に不安感が広がっても、びくともしません。どんな時代でもお金の不安を抱くことなく、豊かな人生を歩むことができます。

その基本になるのが、紙幣界の「万能選手」ともいえる「千円札」とのつきあい方です。

人はとかく大金に心を奪われがちですが、幸せなお金持ちは、「億万長者になる」

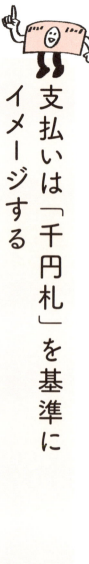

とか「1億円プレーヤーになる」とかいうような、ある種の野望よりも、**目の前にあるお金を大事にします。**

なかでも**「幸せなお金持ち」は、手にする機会が多い「千円札」を大切に扱ってきた人たち**です。

彼らから教わり、私が実践し続けているのは、カード払いや引き落としでも、**5万円ならば1万円札5枚ではなく「千円札50枚」をイメージして支払うこと。**

今よりも7万円多く稼ぐことを目標にするならば、1万円札7枚ではなく、「千円札70枚」。毎月3万円の積立預金をするならば、1万円札3枚ではなく「千円札30枚」というように、コツコツ働いてきた成果をなぞるように、**お金は数字の大きさではなく「容量」を意識する**という術《すべ》があります。

これは「幸せなお金持ち」が持つ概念と言えるでしょう。

紙幣界の「王者に君臨する」1万円札も、千円札の集合体に過ぎないのです。

お金を額面の数字ではなく「容量」で考えるようになると、「使う」「稼ぐ」「増やす」「守

5万円でも千円札でイメージしたら「50枚」になる！

る」「貯める」といったお金が関わるあらゆる場面で、**「こんなにたくさんのお金にお世話になっている」**という、リスペクトと感謝の念が大きくなります。

そんなの気休めだろうと言う方も、いらっしゃるかもしれませんね。

しかしお金を「人」として捉えたら、「自分を大切に思い、尊敬と感謝の念を抱いてくれる相手」に好感を抱くのは当然でしょう。

1万円札ならば崇《あが》め、千円札には感謝の感情すら抱かないのは、お金を差別しているとしか思えません。絶対に慎みたいですね。

幸せなお金持ちへの道

お金は、額面の数字ではなく「容量」を意識する。

あなたは千円をどうやって稼ぎますか

あなたは、自分で稼いだ経験がありますか。

ここでいう経験とは、仕事ではない場面で価値を提供し、対価としてお金をもらうことです。

たとえば、「数十万を自分で稼ぐ」と目標を掲げても、組織に雇われたままでは困難。それに、自分で稼ぐことへの理解が今一つピンとこないでしょう。

仕事の場面で、自社商品を数十万円分販売することは、それほど難しいことではないでしょうが、それは、自分だけの力では成しえません。

商品の開発者やパッケージデザイナー、配送業者、請求書の発行や入金処理に関わる人、労務や各種システムの管理者など、組織のシステムがあるから、数十万円の売上げが実現するのです。

これら組織のシステムをまったく使わず、自分で稼ぐことを考えたことがある人は多くはないでしょう。

そう考えると、**組織のシステムがいかに偉大か、システムを使わずに自分で稼ぐことが、いかにハードルが高い**かがわかりますよね。

自分で稼ぐ時には、いきなり数十万円と考える必要はありません。

先ずは、「千円」を稼ぐことを考えてみましょう。

自分の知恵と経験を活かした商品やサービス(価値)を提供した対価として千円を得ようとしたとき、あなたには何ができますか。

フリマアプリなどでの売買は、自分の知恵と経験で価値を提供するというより、物の価値に対価を払うので、ここでは対象外とします。

私の場合、会社経営者だった時から周囲の理解を得て、原稿の執筆や講演会の講師として収益を上げていました。

その場合、仕事にかかる労力と時間を算出して、成し遂げるためには1時間あたり、どれだけのお金が計上されるのか？　を計算していました。


たとえば、雑誌の寄稿依頼で5万円のギャラが払われるとしましょう。

その場合、資料やデータ集めなど準備をする時間と実際に執筆にかかる時間が、10時間だとしたら、50,000円÷10時間＝5,000円。1時間あたり5,000円。

その間、他の仕事ができないわけですから、実際の私の収益は半分にも満たないと考えました。


著作の印税や講演料になれば、何十万円にもなりますが、考え方は一緒です。

1時間あたり、どれだけのお金が計上されるのか？

私は、それに見合った仕事をしているのか？

顧客や相手を喜ばせることをしているのか？

あらゆる場面で、「時間当たりの単価」に注目しています。

多くのビジネスパーソンの場合、サイドビジネスで得るお金は本業で得るお金よりも少ないでしょう。

「たった千円!?」と驚く向きもあると思いますが、それは同時に自分に足りないものを知る機会にもなります。

幸せなお金持ちへの道

自分の知恵と経験で価値を提供して、先ずは千円を得よう。

「千円を使って何ができるか」を考える

「千円札1枚なんて、使い道は限られている」と言うあなた。

侮ってはいけません。千円には無限の可能性が秘められているのです。

私は月に4回、千円を好きなことに使っています。

名づけて**「心と体に効く千円ごほうびデー」**です。

どう使っていいかわからないという人は、高級スーパーや老舗で「出汁《だし》パック」や、名前は知っているが使ったことのない「高級調味料」を購入するのもいいでしょう。

いつもの料理も「出汁」を変えるだけで、びっくりするほど美味しくなりますし、未知の調味料を使うことで、料理のレパートリーが増えます。

これは決断力や創造力といったビジネススキルを養うことにもつながる、楽しい千円の使い方です。

消耗品のストッキングや靴下は格安品が定番な人も、「一足千円のストッキングや靴下を買う」。

私の場合、熱海駅前にある無料の足湯を利用した後に、話題の熱海スイーツを千円分購入したり、定期的に開催される「フリーマーケット」でアクセサリーを大人買いしたりすることもあります。

他にも、「シャツやブラウスをちょっとお高めのクリーニング店に出す」。「ノンアルコールビールとカマンベールチーズを購入してお家飲《うち》み」や、65歳を過ぎたので「シニア割りを使って一人カラオケ」などなど。

「千円」という制限を設けることで、何ができるのか考える楽しみも生まれ、そうした情報を集めるうちに、世界が広がるのを感じるでしょう。

千円で、自分を楽しませたり、癒すことは充分可能です。

私は温泉地に住む恩恵にあずかっていますが、都会でも日帰り温泉やスーパー銭湯が充実していて、千円台で丸一日過ごせる施設もあります。

千円で、できる贅沢《ぜいたく》は山ほどあるのです。

この術を、

「千円活用ゲームだと思って、試してみてね」

「きっといいことがあるよ」

と教えた友人知人は数多くいますが、

「千円のパワーを知り尊敬の念が高まって、お金に好かれるようになった」

「仕事や人間関係がうまくいくようになり、お金に恵まれる人生を歩んでいる」

というような嬉しい報告が続出しています。


「わずか千円」とか、「たった千円」と受け止めるのではなく、「千円あれば充分楽しめる！」と前向きに捉えてみてはいかがでしょうか。

千円という制限を決めることで意外な楽しみ方が見つかり、より充実した日々が過ごせるでしょう。

「千円でこんなに楽しめるんだ！」

そんなふうに**「千円の魅力」に気づいたあなたは、「幸せなお金持ちへの一歩」を踏み出している**に違いありません。

幸せなお金持ちへの道

千円という制限を決めることで、意外な楽しみ方が見つかる。

千円を活かす3つの視点

「あと10万円、給料が上がったら暮らしに余裕ができるのに」

「毎月5万円、副収入があったら家族の顔色をうかがうことなく、趣味を楽しめるのに」

私たちがお金に思いを馳せる時のほとんどは、数百万、数千万、数億……というような多額ではなく、現実的な数字ではないでしょうか。


「億万長者になりたい」

「長者番付に毎年載るようなお金持ちになる！」

そういう志を否定するものではありませんが、多くを望むよりもお財布にあるお金。

なかでも**「千円札」が持つ魅力を知るのが「幸せなお金持ち」になる近道**です。

「老後のお金の心配が尽きない」
「マイホームのローン返済に退職金をあてたら、残るのは微々たるお金」
「定年延長になったが、いつまで働けるのか保証はない。給与の減額に頭が痛い」などの不安があります。

充分過ぎる預貯金や持ち家があっても、健康な体の持ち主であっても、このような「お金の不安」を多くの方が口にするのですが、予測できない悩みに苛《さいな》まれるよりも、今ある「千円」を、どう活かせるかを考えましょう。

日頃は、お買い得な食パンを食べている方が、「千円台の高級食パン」を購入。その美味しさに幸福感が高まった。

千円で手に馴染《なじ》む使い心地の良い「ボールペン」を購入したら、仕事の効率アップにつながった。

千円で普段は縁がない「地方新聞や業界新聞」を購入。熟読したら、思いがけない発見があり、自分が抱えている悩みが吹っ飛んだ。
千円でできる「投資」や3千円程度から始められる「純金積立」を始めたら、タイミングよく価値が上昇。そのおかげで、経済の動きや社会情勢に敏感になったという人もいます。

「お金がない」「老後資金が足りない」と愚痴っていても、何の解決にもなりません。
たった千円、されど千円。
その千円を活かすために、**「3つの視点」**を持つようにしましょう。

視点❶ その千円を何のために使うか？（パーパス）
視点❷ 千円をどう動かすか？（プロセス）
視点❸ その結果、どんないいことがあるか？（メリット）

パーパス、プロセス、メリットはもちろん、デメリットも含めて「千円」を活かす。

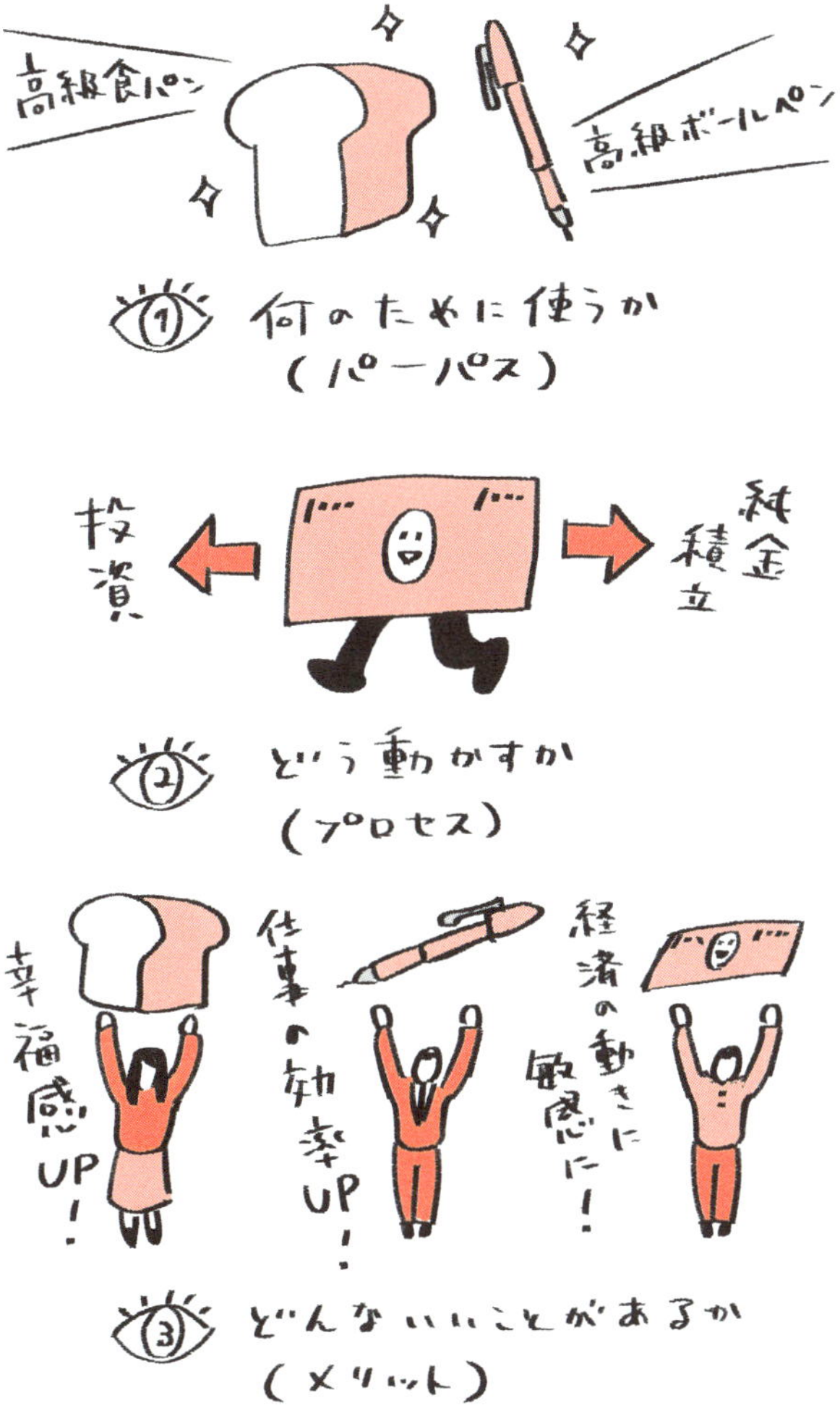

千円遣いの達人は、「3つの視点」を持っている

それがしっかりできる人は「千円遣いの達人」。

「幸せなお金持ち」へのチケットを手に入れたも同然です。

そして今に感謝しながら、千円を活かすための3つの視点（パーパス・プロセス・メリット）を絶えず確認、アップデートを図りましょう。

これはお金に愛され続けるために欠かせないことです。

幸せなお金持ちへの道

「千円遣いの達人」になる！

継続して「千円」を寄付する意味とは

夫亡き後、3億円にも及ぶ負債を返済するために、不動産、預貯金、貴金属、骨とう品、ブランド服、車、仏壇に眠っていた「金歯」に至るまで、お金になるものはすべて売り払いました。

それで完済できるほど甘い現実ではありませんでしたが、夫に従い、欲に支配された結果がこのざま。身の丈以上のものは所詮身に付かない。

縁がなかったのだと理解して、贅沢で太り切った暮らしを「スリムでスマート」に整えるいい機会だと捉えました。

当時、決して「貧乏になった」とは思いませんでした。

通帳には子どものお年玉程度のお金しかありませんでしたが、これからが「幸せなお金持ちになる道」。

お金がないという不安よりも、「幸せになる！」という高揚感が勝っていたことをはっきり覚えています。

暮らしは困窮していましたが、それでも毎月必ず行っていたのが**「千円寄付」**です。

健康な心身があり、住む場所があり、仕事があることは充分幸せなのですから、倹約して捻出したお金の一部「千円」を、被災地の復興支援や義捐《ぎえん》金、ユニセフや赤十字などを通じて寄付していました。

時には「千円札」を100円10枚に崩し、コンビニのレジ横に設置されている募金箱10カ所に入れることもありました。

お金に余裕がないのに、なぜ寄付を始めたのか。

不思議に思う方もいらっしゃるかもしれませんね。

自己満足であっても、お金にまつわる「善行」をしたと思えることが大切だと考えたのです。

お金に余裕はなくても、心が貧しくなってはいけない。

私の「千円」が誰かの何かに役に立つと考えたら、自然と笑顔になりますし、セルフイメージが高まっていくのが、身をもって理解できたのです。

そして3年、5年、7年……と続けるうちに代表作が生まれるきっかけになった編集者との出会いや、政財界や芸能界、スポーツ界で活躍されている素晴らしい方々とも巡り合い学ぶことができました。

これは「偶然の産物」ではないと考えています。

あれから20年が過ぎましたが、寄付は継続して行っています。「千円寄付」から、「2千円」「3千円」「5千円」「1万円」……と金額は大きくなっています。

「もっとお役に立ちたい」という気持ちは、「正しく稼ぐ」ためのパワーになりました。

これからも「毎月の寄付」は継続していきます。

だからといって、あなたに「寄付」は強いません。
「社会に役立つ正しい行いをしたい」と思った時の選択肢の一つとして、その人、その時の生活レベルに合わせて行えばいいのです。

幸せなお金持ちへの道

毎月の「千円寄付」でセルフイメージが高まる。

働き者の千円札に「敬意を払う日」をつくる理由

多くのお金に喜んでやって来てもらうには、「お金を大切にしている」ことをアピールすることが欠かせません。

紙幣のなかで頻繁に使う「千円札」には、額面通りではなく「千円の価値を何倍にも高めてくれる人」を好ましく思い、そこに集まる傾向があります。

日頃から千円をはじめ紙幣は、シワをのばし、紙幣の肖像画の向きを正して支払う。「キャッシュレス決済」や「カード払い」であっても、支払う紙幣をイメージして同様に扱っていますが、**毎週金曜日は「紙幣」、とりわけ「千円札に敬意を払う日」**と決めています。

仕事と家事を終えた金曜日の夜には、お財布の中のお金をトレー（可愛らしいお皿でもいいです）に全部出します。

紙幣はすべてシワを伸ばし、角が折れ曲がっているものは真っすぐに整えます。書き込みがある紙幣は「今度は綺麗なお顔で会いましょう」と、手元に残さず先に支払いに回します。

お札への敬意の気持ちは「額面」で変わるのでしょうか？

これまで紙幣に書き込みを見つけたのは、「千円札」ばかり。

「1万円札」が一番綺麗で、シワや折り目がついていることが少ないのは、たまたまではないでしょう。

これでは、「働き者の千円札」がかわいそうでなりません。

そこで私は、特に入念に「千円札」のシワや折り目を伸ばし、肖像画に「いつもお世話になっています。ありがとうございます」と声がけをしています。

また小銭は布で優しく磨き、汚れた小銭を見つけたら洗い、水気を拭き、磨きあげ

千円札に敬意を払うことで、お金に好かれる人になる！

ることもしています。

毎週金曜日、「千円札に敬意を払う日」の一つひとつの作業をしながら、口にするのは感謝の言葉「ありがとうございます」です。

そこにあるお金は、自分のもとをわざわざ訪ねてきてくれたお金です。

辿り着くまで、乱暴に扱われ嫌な思いをしたこともあるかもしれません。そんなプロセスも想像すると、私とご縁を結んでくれたことに、自然と感謝の言葉が出ます。

「このお家は居心地がいい！」と思ったお金は、仲間を連れて戻ってきます。

「1万円札には心が躍るが『千円札』には思い入れはない」

そんな気持ちは、お金に伝わるもの。そういう人は、お金は出ていく一方です。

幸せなお金持ちへの道

「千円札に敬意を払う日」には、感謝の言葉を口にする。

千円札に「ありがとう」「お帰りなさい」を伝える

44歳の時にすべての資産を失い「丸裸」になって、初めて私はお金への敬意が足りていなかったとわかりました。

欲しいものは金額を問わず衝動買いし、すぐに飽きて社員や友人に譲る。カード払いでは、それで動く現金をイメージしてお金を使うことなどまったくしてこなかったのです。

紙幣を伸ばしたり折り目を整えたり、支払う際には表面を示し、肖像を相手に向けることはしていましたが、それも時に忘れ、無造作に紙幣や小銭を扱うこともありました。

そんな状態だから「お金」が逃げていく。

このままでは「お金」は訪ねてこないに違いない。

それからというもの、特に扱う機会の多い千円札が手元にやってきた時には、

「訪ねてきてくれてありがとう」

「お帰りなさい。ありがとう」

支払う時は、

「帰ってくる時には、仲間をたくさん連れてきてね。待ってます！」

「また帰ってきてね。いい部屋（財布や金庫など）を用意していますから」

などと親しみと愛情、尊敬の念を込めて伝えています。

人づきあいと同じように「お金」とつきあっているのです。


こういう行いを笑う人もいます。

そんなことをしても「無駄」という人がいるのは事実です。

それは、日本人のどこかに「お金そのものに罪はないのに、お金を嫌っている人が多い」という意識があるからではないでしょうか。

私たちはお金に関する教育をあまり受けてこなかったですし、メディアで「脱税」や「特殊詐欺」「横領」といったお金にまつわる良くないニュースが連日のように流れますから、「お金は汚いもの」「お金を稼ぐ人は何か悪いことをしている」「お金の話をするのはあさましい」「お金は人を変える」といったイメージが植えつけられているのかもしれませんね。

お金の集め方が汚いとか、使い方が汚いとかいうことはあっても、お金には罪はありません。「お金」は純粋無垢《むく》で、使う人によって色を変えるのです。

大切な人には「優しい言葉」や「労いのひと言」を伝えるでしょう。

そう考えると「お金」、「千円札」にも、自然と声がけしたくなるものです。

44歳から始めた「千円札」に「ありがとう」「お帰りなさい」を伝える習慣を続けて20年が過ぎました。

おかげ様で負債がなくなっただけでなく、終《つい》の住《す》み処《か》を手に入れ、お金の不安のない毎日を送っています。

これはたまたまではなく、お金への意識が変わり、暮らしが整い、お金が帰ってきやすい環境ができたからだと受け止めています。

「にわかには信じられない」という方も、いらっしゃるでしょう。
でもこれは、私だから叶ったことではありません。
取引先から不渡手形をつかまされ、倒産寸前まで追いつめられた友人も、千円札に「ありがとう」「お帰りなさい」と、心を込めて伝えることを習慣にしたところ、5年で会社はV字回復しました。

お金は、人をつぶさに見ているのです。

幸せなお金持ちへの道

人づきあいと同じように「お金」とつきあう。

資産は「紙幣界のMVP千円札」を指標にする

「幸せなお金持ち」になりたいならば、「お金がない」と愚痴るより、**「私はお金持ちです！」と声にしたり、心から「お金持ち」だと思えばいい。**

「そんなの恥ずかしくて言えない」という人や「(お金がないのに)嘘は言えない」と抵抗感を覚える人は、「アルバイトで初めて稼いだ時よりも、お金持ち！」とか、「初任給をいただいた時よりも、はるかにお金持ち！」というように、受け止めるのはいかがでしょうか。

それは紛れもない事実であり、あなたがコツコツ働き、築き上げてきた歴史です。堂々と笑顔で「私はお金持ちです！」と言いましょう。

ただし、それだけではかけ声に終わりかねません。

おすすめしたいのは、**通帳の残高や手元にあるお金をできる限り「千円札」に変え（イメージで構いません）、資産の大きさを確認する**ことです。

100万円ならば、1万円札100枚ではなく、千円札1000枚に換算する。500万円ならば千円札5000枚というように。

その容量を実感すれば、少なくとも「お金が少ない、足りない」という状態から脱して、「既に幸せなお金持ちかもしれない」「少しずつだけれど、幸せなお金持ちに近づいている」と、ポジティブな気持ちになります。

なぜ「千円札」を指標にするかというと、**「千円札」はあらゆる場で活躍する働き者で「紙幣界の基本」であり、私は「MVP」だと捉えているからです。**

「MVP」というと、メジャーリーグベースボールにおいて最も活躍した最優秀選手「Most Valuable Player」（略してMVP）を思い浮かべる方が多いのではないでしょうか。

年間を通じてコンスタントに活躍し続ける最も頼りになった野球選手が選ばれる名誉

資産を千円札で換算することで、幸せなお金持ちの気持ちになれる

ある賞ですよね。

「千円札」は、1万円札や5千円札などに比べ、日常生活で使う頻度がとっても高いのです。

たとえば自動販売機、コンビニ、個人商店、デパート、大型ショッピングモールなど、様々な場で最も多く使用されています。また公共料金、交通費、通信費などでも同様です。

クレジットカードやキャッシュレス決済が増えたとはいっても、現金のやりとりがなくなることは当面ないでしょう。だからこそ、紙幣の最小単位（基本）であり、「働き者」の千円、「紙幣界のMVP」ともいえる「千円札」を大切に扱ってほしいのです。

幸せなお金持ちへの道

幸せなお金持ちは、「紙幣界のMVP」千円札と仲がいい。

お金は、まわりの人の喜びのために使う

必要以上のものを買う理由を考えたことがありますか。それは「お金の出口」を見直すことにつながります。

負債が完済してから不定期ですが、「頑張って働いた自分へのご褒美」として腕時計を購入しているのですが、そのタイミングや「自分へのご褒美」というのも曖昧な理由です。

時計が壊れて買い替えるわけではなく、新しいモデルが発売されたり、お洒落《しゃれ》なデザインの腕時計を誰かがはめていると欲しくなるのです。

腕時計のコレクションは12本。どれも思い入れがあり愛用していますが、いくら好きでも、両腕にはめて出かけるわけにはいきませんから、先発メンバーは限られています。

宝飾時計をビジネスの場で着けるのは「これ見よがし」で悪印象を与えるでしょうし、喪の席で着けるのはマナー違反です。

ですから、愛でて楽しむ。「こんな時計を購入できる自分は幸せなお金持ちだ」と密かに思う要素のほうが多いかもしれません。

もちろんこういう世界が、自分の癒しや仕事の原動力になっているのならば必要な出費です。

しかし、**「自己満足」のためにお金を使うことは、他人と比較する世界で生きているということ**です。

買った時は心は満たされますが、すぐに次のものが目に入り欲しくなる。人間は感情の生き物ですからね。

そこに気がつくと、**「お金の出口＝使い方」**が変わってきます。

お金自体は単なる紙切れ。使ってはじめてその価値があるのです。ですから、**どこ**

に使うかが重要なのです。

他人との比較の世界の中で、自己満足のためだけに使うのではなく、「まわりの人の喜びのために使う」ことを決める。

そうすることで、お金が動き出し、巡り巡って幸せな循環が起きる。

するとお金が減るという感覚はなくなります。

お金の出口を考えると、自然と無駄遣いがなくなり、蓄えが増えます。

それをまたまわりの人の喜びのために使うと、お金が増える。

不思議なものでお金が減っていかないどころか、増える一方になります。

私の腕時計のコレクションは、確かに自己満足ですが、これを手放すのは「死期」を悟った時でしょう。その時は換金して、しかるべき団体に寄付をすると決めています。

幸せなお金持ちへの道

お金はどこに使うかが重要。

お金は、すべて綺麗で美しい

お金をたくさん稼ぐのは尊いことですが、日本ではそれを不浄と捉える向きがあるのも事実です。

「お金を稼ぐことは、素晴らしいこと、美しいこと」だと私は声を大にして言いたいのです。

たくさんの人を喜ばせた人、幸せにした人、感動させた人……そういうエネルギーのトータルがお金の量「金額」ですから、たくさんお金を稼ぐことは美しいことなのです。

人の不幸の上にお金儲けがあってはいけない。

人を騙して稼いだお金は貯まらない。

ギャンブルなどでたまたま得たお金や、他人の悲しみのうえで手に入れたお金は残らない。

私は、姑息な手段を用いてお金を得た人や、お金を使うことを嫌い、「人にたかる」「借りたお金を返さない」、そんなふうに生きている「お金持ち」を知りません。

人の役に立ち感謝され、感謝されている人のところにはお金が集まる。

お金は、人の気持ちが形になるのだと思います。

綺麗に使ったらまた綺麗なお金が返ってくる。

経験則ですが確かです。

目の前の千円、5千円、1万円は綺麗でしょうか。

そのお金が自分に入ってきた時、それが綺麗かどうかをその都度考えるクセをつけましょう。

私は、綺麗なお金だけを集めるように心がけています。

それは、44歳で3億円の負債を抱え、返済のために「丸裸」になってから、常に肝に銘じていることです。

すると、不思議と人生は好転するのです。

あれから20年余り。多額の負債はなくなり、生涯続けられる仕事を得て、「幸せなお金持ち」と誇れる自分になりました。

かつては目先の汚いお金を追いかけていたこともありましたが、あのままでは人に恨まれ妬まれ、時に陥れられて、情けない人生を送ることになっていたでしょう。

これからも綺麗なお金を集め、綺麗にお金を使っていきます。

幸せなお金持ちへの道

綺麗なお金を集め、綺麗にお金を使おう。

第2章

「千円札」の使い方次第で、人間関係がよくなる

1000

はぁ～ どうしたら職場の人とうまくやれるんだろう
ほっとけ
いつ会っても浮かない顔してるね
ねえ どうしたらみんなと仲良くなれるの？
いい関係なんてただ待っててもつくれないよ
「千円札」を大事にしなさいって言ったよね
えっ また？ この話には関係ないじゃん

君は今ここに千円あったら何に使う？
もちろん大好きなラーメンを食べに行きますよ！
はぁーー
ぎり餃子も付けられるかな
それ、いちばんダメな答えあのね、人のために使うんだよ
グ〜
え？ 人のため？ 僕のお金なのに？

「千円」のプレゼントで、10万円以上の効き目がある渡し方

プレゼントは、愛情や感謝、ご挨拶、お祝い、喜び、祈り……さまざまな思いを表すために何かを贈るのであって、相手に届けたいのはあくまでも「気持ち」。

贈り物の内容も大切ですが、贈る人の気持ちがこもっていてこそ、受け取る人に喜ばれる物になります。

これまでいただいた「心に残るプレゼント」を思い出してみてください。

きっと「もの」よりも、「添えられた一文やタイミング、贈られ方」など、その時の情景のほうがよみがえってくるのではありませんか。

そんな**「心に残るプレゼント」**を、あなたも贈ってみませんか。

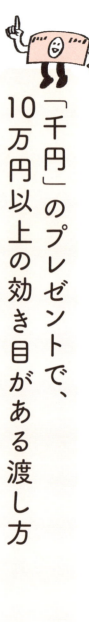

相手があなたに好感を抱き、お金の流れを良くするために、おすすめしたいのが**千円前後の「プチギフト」**。

それに「あなたの笑顔に励まされています」とか「いつも頼りにしています」「○○を教えていただいたおかげでうまくいきました」というような一文を添えて、何でもない日に贈るのです。

それは相手に気を使わせることなくインパクトがあり、一文は深く心に刻まれます。

高価なプレゼントを渡しても、喜ぶ相手ばかりではありません。

相手が異性ならば「特別な関係を求めているのかしら？」と、取引先ならば「何か企みがあるのではないか？」と疑いの眼差しを向けられてしまう可能性もあります。

せっかくの好意が悪意に受け取られたら悲しいですよね。**高価なプレゼントは、相手との関係性を考慮しないと、逆効果になることが多い**のです。

「気持ち」を伝えるならば、10万円のプレゼントをどんと贈るよりも、千円前後のプチギフトを折に触れ渡したほうが、何十倍も印象に残ります。

たとえば、

「出張先で○○さん好みのお酒を見つけました」

「書きやすさに驚いたボールペン、疲れなくていいよ」

「いつもお洒落な○○さんにぴったりのマスクカバーを見つけたから」

というように、**自分のことをいつも気にかけてくれているとわかる「プチギフトと一文」には、胸が熱くなる**ものです。

私が最も感動した「プチギフト」は、新型コロナ感染症に罹患《りかん》し自宅で静養していた時に、「これで元気を出してくださいね」の一文と共に、ある編集者さんが送ってくださった「アミノ酸配合ゼリー」です。

発熱で何も喉を通らない。低栄養状態で心細さは募る一方。そんな私を救ってくれた「プチギフト」は、思い出すたびに涙が出ます。

千円前後の「プチギフト」は、相手の心をギュッとつかんでくれる

一度だけ会ったことのある人と何度も会っている人。親近感を抱くのは間違いなく後者でしょう。ギフトも同様です。

一度に高価な品物を贈られたら、嬉しさよりも「疑念」のほうが勝るかもしれません。好みの分かれにくい「お菓子」や気軽に楽しめる「アルコールやソフトドリンク」、さりげなく使える「文房具」、日常的に使える「雑貨」など、万人受けするようなアイテムを贈るのが失敗は少ないですよ。

幸せなお金持ちへの道

相手に気を使わせない千円前後のプチギフトを何でもない日に贈ろう。

謝礼は、相手の目の前で千円を上乗せする

時折お願いする「水回りの清掃」や「家事代行」、私に合ったファッションやヘアスタイルなどの「アドバイス」。愛犬が存命な頃には、帰りの遅い私に代わって散歩や食事の提供など。

プライベートでお願いすることには、「現金」をその場で「謝礼」として封筒に入れてお渡ししていますが、その際、ちょっと工夫をしています。

約束した金額を封筒に入れたら、**相手の目の前で千円を上乗せする**のです。

その際、清掃や家事代行業者ならば、

「喉が渇いたでしょう？　これで缶ジュースでも購入してください」

「〇〇さんの仕事からは学ぶことばかり。授業料として」

というように、ひと言添えることは忘れません。

そうでないと、相手も千円の意味がわかりません。

封筒の中は「正式な金額」であり、上乗せするのは「ちょっとした気遣い」なのです。

見積りをいただき値段交渉をして、安価にしていただいたサービスであっても、「封筒（正式な金額が入っています）」に、目の前で千円の上乗せをしています。**千円は、そのものやサービスに関わらない「私の気持ち」**なのです。


すると面食らう方もいらっしゃいますし、「料金はきちんといただきましたので」と「千円の受け取り」を固辞する方もいらっしゃいます。

それでも、

「お仕事ぶりに感心したので」

「またお願いしたいので」

「これ以上の出来栄えは考えられないので」

と素直な気持ちを伝えて、謝礼に目の前で千円の上乗せをしています。

すると、ほとんどの方が受け取ってくださって、その出来事を覚えていてくれます。次にお願いした時にお礼を言われますし、スケジュールがタイトで無理な注文でも受けてくださることも。

上乗せの千円は、想像以上の力を発揮します。

ただし上乗せは「千円」がカギ。

それ以上の上乗せは、言葉は悪いですが、「金にものを言わせる」イメージや、「賄賂的な臭い」がして、あなたの人間性を疑われる可能性があるのでおすすめしません。

幸せなお金持ちへの道

上乗せは「千円」がカギ。

交通費千円！身近な「キーマン」を見つけ教えを乞う

仕事においては、組織やプロジェクトの成功に関わる意思決定権を持っていたり、リーダーシップを持っている人を、私は「キーマン」と解釈していますが、**大切にしたいのは、会社や組織、自分が属している団体などとは一線を画す社外のキーマン**です。そういう方は、物事を俯瞰《ふかん》して冷静な目で判断し、損得勘定抜きに意見を述べてくれる貴重な存在です。

そんなキーマンが身近にいれば、古い体質の会社や上司の意見には、反対であっても「イエス」と言わされかねない状況など、社内の人間ならば見て見ぬふりしがちなことも、ズバリ指摘してくれるはずです。

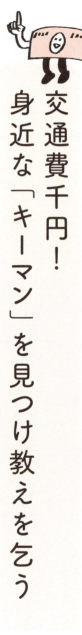

では、そんな貴重なキーマンをどうしたら見つけることができるでしょうか。
私の例でお話ししますね。
先ずキーマンに求めるものを箇条書きにします。

- **広い人脈を持っている**
- **アイデアを生み出す才能に溢れている**
- **行動力に溢れている(フットワークの軽い人)**
- **自分と違う業界や業種に身を置く人**
- **人柄が良い(と思える)**
- **片道交通費千円で会える(往復千円が理想ですが)**
- **男女を問わず、自分よりも年上と年下の二人**

この7つの条件を満たす人をSNSやホームページで検索して活動内容をチェック。相応《ふさわ》しい人を探したり、「講演会サイト」でその方の評判を確認したり、寄稿や書籍などを読んだりしたうえで、**「キーマン」と縁がある人が自分のまわりにいるか？紹介してくれる人はいるか？**を徹底的にリサーチしました。

私の場合、紹介者が見つからなかったので、X（旧Twitter）のメッセージやホームページの問い合わせフォームから、趣味でもある歌を文化として熱海に根付かせたいと活動する「年上の経営者」と、整体と美容を融合させたサービスを老若男女問わずに提供したいと意気込む「年下の個人事業主」のお二人に辿り着くことができました。

「30分」もあれば会える距離で、交通費は往復で千円もかかりません。

書籍のタイトルやテーマ、どんな話し方が響くのか？といった本業に関わる相談もしますが、彼らの得意分野である「音楽」「歌」「整体」「美容」など、私の暮らしを彩る話を聴く機会を得て、そこから本業への気づきが生まれることも多々あります。

お互いに忙しい身ですから、頻繁に会い、教えを乞うことはできなくても、

「彼ならこう考えるかな？」

「あの人ならば、こういう捉え方はしないだろう」

などと**視点を第三者のものするることで、自分の常識やこれまでの成功体験に縛られない柔軟な考え方ができるようになりました。**

彼らを通じてご縁ができ、凛《りん》として一人暮らしをなさっている95歳の女性や、キャンプの達人（78歳男性）、ブレイクダンス講師（27歳男性）、イタリア料理の若き天才シェフ（33歳男性）など、教え合ういい関係が広がっています。

幸せなお金持ちへの道
縁と運を「身近なキーマン」が与えてくれる。

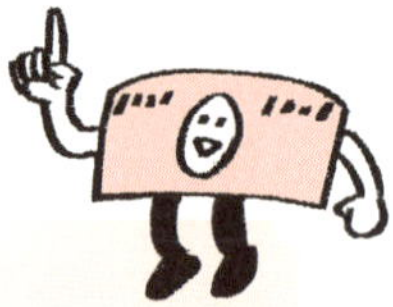

引っ越しの翌日に、「千円程度の小さな花束」を手渡しする

友人の行動に感動して以来、20年以上続けている「お金の習慣」があります。

それはオフィスや自宅の引っ越しをするという情報を得たら、**「引っ越しの翌日」に、千円程度の小さな花束を持参し、手渡しで届ける**というものです。

ビジネス上のつきあいならばオフィスに限りますが、個人的にも仲がいい方ならば、自宅の引っ越し時には、「益々のご活躍を祈念しています」とか、「素敵なお宅！　憧れます」というようなひと言メッセージを添えた小さな花束を玄関先で渡したら、「昨日は引っ越しでお忙しいと思いましたので、本日伺いました。急な訪問で申し訳ありません。素晴らしい環境で益々のご活躍は間違いありませんね」などと伝えるだけで、長居をせず帰ります。

「せっかく来ていただいたのですから、お上がりください」とか、「お茶を飲んでいってくださいね」とか言われると思いますが、「お祝いを直接お伝えしたかっただけですから」「片づけが大変な時に、伺ってご迷惑をおかけしていますから」と言ってスマートに去るのです。

すると、「律儀」で「謙虚」、場の雰囲気をわきまえた人という印象を相手に与えます。

なぜならば、オフィスの引っ越しでは、当日に「胡蝶蘭《こちょうらん》の鉢植え」や「観葉植物」、「絵画（リトグラフ）」、お祝いのお酒、高級フルーツなどが届くケースが多く、引っ越しの片づけが忙しいうえに、「それらをどこに置くか？」「なるべく早くお返しのメールや電話をしなければいけない」と悩ましいのです。

もちろん相手の心遣いが嬉しく、感謝の気持ちは充分過ぎるほどあるのですが、人望のある方ほど悩みは尽きないはずです。

送り主にすれば、お祝いは「引っ越し当日」に合わせるのがベスト。

遅れたら、誰かから聞いて慌てて送ったと思われる。遅れたら、さほど大切な相手だと思っていない。そんなふうに受け取る方が大半でしょう。

でも現実は「引っ越し当日」は人の出入りが激しく、片づけ事が多く、お祝いの品だからと、うやうやしく扱うことができにくい。

極端な話ですが、よほど大きなものや高価な品でなければ、すみっこに追いやられる可能性もあります。せっかくの好意がうまく届かないなんて悲しいですよね。

ですから、あえて**「引っ越しの翌日」に、千円程度の「小さな花束」にひと言添えて、手渡しで贈る**ことをしているのです。

生の声でお祝いをそっと伝えたら、余計な話をしないで去る。

すると「(忙しいのを)わかっている」「(大きなものは正直困るけれど)小さな花束なら気を使わないで済む」と、引っ越し翌日というセレクトも重なって気遣いのできる素敵な人と、あなたを認めるでしょう。

千円程度の花束が、鉢植えの胡蝶蘭や大きな観葉植物、高級グルメなどに負けない大きなインパクトを残すのです。
贈り物は、タイミングと相手の負担にならない品。
これを外したら台無しです。

幸せなお金持ちへの道
贈り物は、
タイミングと相手の負担にならない品であることが大事。

さりげない「千円チップ」を習慣にする

チップとは、ホテルやレストランなどで従業員からのサービスに対して、任意で支払われるお金を意味しますが、支払われて当たり前の国から、日本のようにチップ不要の国までさまざまです。

義務に近い感覚でサービスに対しチップを支払うという国もありますが、私は**「感謝の気持ち」をいつでも伝えられるように、「千円チップ」をのし袋や懐紙《かいし》、無地の封筒などに入れて常備**しています。

チップを渡すシチュエーションは、部屋のクリーニングや設備点検、電気工事、買い物の代行など。

居住環境を整え、暮らしを豊かにする作業が完了した時がほとんどです。

他にも、趣味である歌やダンスのレッスン場を無償で提供してくださっている方には、お菓子やお酒、地方の名産品などに添え、無地の封筒に入れた「千円チップ」を。

始発に乗っても、7時から東京で始まるラジオ番組に間に合わない時には、「自動車通勤のついでだから」というご近所さんに甘え、現地まで送っていただきました。その際には、おおよそのガソリン代と別に、「千円チップ」を懐紙に包んでお渡ししました。

そんな私の姿に触発されたのでしょうか？　知人は、奥さんに肩をもんでもらったら「千円」、普段は制限されている揚げ物が食卓にのぼったら「千円」というように、「ありがとう！　大好きだよ」の言葉に添え千円のチップを渡しているといいます。

最初は、怪訝《けげん》そうな顔をして「浮気でもしているのでは？」と思っていた節の奥さんも、さりげないチップが続くものですから、彼の健康と家計とのバランスを図りながら、できる限り喜ぶことをしてくれるそうです。

こんなチップは、微笑《ほほえ》ましくて夫婦円満に寄与していますね。使ったお金以上の効果があると思います。

ただし、**当たり前のようになるのは好ましくありません**。というのも、

「いつもと同じことをしたのに、今回チップがもらえないのはなぜ？」

「あの人はもらっているのに、自分はもらえないなんて不公平ではないか？」

と不満が生じ人間関係を悪くします。

これでは、「感謝の気持ち」であるチップの意味が失われてしまいますよね。

相手（お客様）のことを考えて行動した結果、笑顔や「ありがとう」をもらえるだけでなく、目に見える感謝の気持ちとして「チップ」をもらえたら、もっと良い行い（サービス）をしようと考えるのではないでしょうか。

「チップは受け取りません」「心づけは不要です」とうたっている会社や事業者も多いですが、それでも許される範囲で、私はチップを続けていきます。

自己満足でいいのです。
私の千円が巡り巡って誰かの笑顔やモチベーションアップにつながったら、これほど嬉しいことはありません。

幸せなお金持ちへの道

「感謝の気持ち」をいつでも伝えられるように、「千円チップ」を常備する。

相手の成功話に「千円の謝礼」を払うとどうなる!?

「本物の成功話」は、なかなか表に出てこないものです。

地味なことは人の目をひきませんから、ニュースになりません。

テレビや新聞や雑誌、ネットニュースに至るまで、「メディア」は地味な情報を伝えてはくれません。ですから表に出るのは、脚色された成功話。

「地味な成功者」ではなく「派手なタイプの成功者」のイメージに偏りがちです。

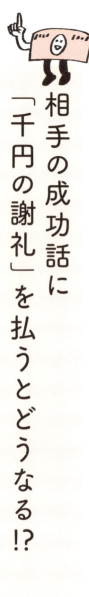

かつては私も、一般的なメディアが好んで露出させる社長の姿がリアルな社長像なのだと信じていました。

しかし、講演家として30年余り全国各地を回り、何千人を超える経営者や地元の名士と出会い、交友するなかで私が抱いていた「成功者のイメージ」が大きく変わりました。

長く経営者としてあるいは、その道のプロとして活躍している方は、総じて地味で穏やか、物静かな方が多く、こちらから話をすれば乗ってくるのですが、自分から「自慢話」や「成功体験」の類はお話しされません。

そして「素直さ」を持ち合わせています。

経験則ですが、男女を問わず「成功する人」＝「幸せなお金持ち」は、素直なことが多いのです。ここでいう素直とは、従順という意味ではなく「アドバイスや意見を聞き入れられる器がある」ということです。

間違っても「そんなことは知っている」とか、「要はこういうことでしょ？」などと、話を遮ることはしません。

誰に対しても平等で、きちんと接してくださるのです。

そんな方ならば、仲良くなりたい、話を聴きたいと思うでしょう。

初めて「成功話に千円の謝礼」を払おうと試みたのは、名古屋で製菓業を営む7代目社長でした。講演先の懇親会で意気投合して、忙しいのは承知の上ですから、「〇〇さんの成功の秘訣を教えてほしい」「5分でいいですから話を聴かせてほしい」とお願いしました。

老舗でありながら流行を取り入れ常識を打ち破り、コラボ企画や体験型菓子ツアーなどを次々と成功させていることに関心を持ったことが発端です。

その日の最終新幹線で、東京に帰る予定の私も限られた時間しかありませんでしたから、**「社長の時間を5分、千円で売ってください」**と切り出しました。

「5分、千円？　面白い方ですね」と目を丸くされていましたが、真意をくんでくださって「成功した話よりも失敗談が役立つでしょう。いいですよ」と応じていただきました。

講演会の会場だったホテルのラウンジで「老舗が抱える苦悩や同業者からの反発、資金繰りの苦労」など、気づくと30分、熱く語ってくださいました。実体験を直《じか》に聴けることほど有意義な時間はありません。

相手の成功話に「謝礼」を払うことで、新たな人間関係が生まれる！

「30分も教えてくださってありがとうございました」

5分千円のお約束ですから謝礼は「6千円」。私は「6千円」を準備したのですが、「(私に) 話をして覚悟ができた。新規事業の迷いが吹っ切れたので不要です」と受け取りを固辞されました。「大事な時間を奪ったのですから、そうはいきません」と言うと、「それならば、コーヒー代で……」と。

「5分で千円の謝礼を払う」と切り出し、成功話の披露をお願いして30年余り経ちますが、相手は総じて受け取りを固辞するうえに、「挑戦するパワーになった。お礼を言いたいのは私のほうです」と喜んでくださる方ばかりです。

そうして得た情報は知恵になり、私の人生の財産になっています。

幸せなお金持ちへの道

ただで成功話を手に入れようとしない。

予算「千円の手土産リスト」をつくる

プライベートでお会いする時だけでなく、久しぶりに訪ねる取引先の担当者などには手土産を持参します。

こういう時、「ご家族で召し上がってください」とか「皆さんでどうぞ」というように、最寄駅の近くで購入した2千〜3千円のお菓子を持参する場合が多いと思いますが、**私はあえて面談相手あてに予算「千円」でセレクトした手土産を持参**します（会社の方針で受け取れない場合もありますから要注意）。

「千円だと、大したものは購入できない。あまり喜ばれないのではないか」と危惧する方もいらっしゃるかもしれませんが、心配無用です。

それでは、センスの良さに感心した予算「千円」の手土産をご紹介しますね。気兼ねなくちょっとしたサプライズを演出できる手土産は、何でもない日を彩る「おもてなし」でもあります。

●時短で本場の味が完成する「レトルト食品」や「ごはんのお供」

SNSやメディアで話題のグルメには、時短で本場の味が楽しめる「レトルト食品」や調味料があります。なかでも千円以内で購入できる佃煮《つくだに》やふりかけなどの「ごはんのお供」が喜ばれます。

私がその味に感動したのは「海苔《のり》バター」。その後ハマって我が家の定番になりました。こうした手土産は男女問わず喜ばれます。

●営業や販売職の男性にも喜ばれる「ハンドクリーム」

年代・性別問わず使える無香料のハンドクリームは、手土産として秀逸です。女性に限らず、営業や販売に携わる男性からは、「仕事上、手は目につく部位なのでありがたいです」と好評です。お手入れに気を配っている人が多いということですね。

●日常使いできる「伝統工芸品」

「伝統工芸品は高価」という誤解があるかもしれませんが、各県のアンテナショップには、千円台でお値段以上の価値を感じられる素敵な伝統工芸品が販売されています。

江戸硝子の御猪口《ちょこ》や長崎のビードログラスなどは、美しさに魅了されるだけでなく、自分では購入する機会はなかなかないでしょうから、喜ばれるのは必至です。

●心と体をリラックスさせる「マッサージグッズ」

ちょっとした合間や、デスクワークをしながらツボ押しやマッサージができたらリフレッシュになりますよね。最近は100円ショップでも、足ツボ押しやヘッドマッサージグッズなどが販売されているぐらい選択肢も豊富です。

私は雑貨店で、体だけでなく顔のコリもほぐす手のひらサイズのグッズを見つけて以来、仕事仲間や同年代の手土産にセレクトしています。

「予算千円の手土産アイテム」はリストアップして、随時更新しておこう

心も体もリラックスするのに役立つアイテムをもらって、困る人はいないでしょう。

これらにとどまらず、折に触れ「予算千円」で手土産を探しています。**見つけたアイテムはリストにして、随時更新**。相手の年齢、仕事、好み、自分との関係性などを考慮して、タイミングを計ってお渡ししています。

ありきたりではない、時間と労力をかけて自分のために選んでくれたと感じる「千円の手土産」は、値段以上のインパクトを与えます。

「あなたとの縁を大切にしたい」と相手は考えますよ。

幸せなお金持ちへの道

「千円の手土産」でもがっつり心がつかめる。

節約するほどお金は減り、人間関係は悪くなる!?

節約だと思って始めたものの効果がないどころか、お金が減り、人間関係に悪影響を及ぼす行為があります。

その最たるものが、**「健康を損ないかねない節約」**です。

冷房を使わずに熱中症になったり、暖房を入れずに風邪を引いたり、食品の値上げが続いているからと、お腹を満たすことを優先した結果、偏った食事で体調を崩したり、肥満や栄養失調、便秘や胃弱などになったりする。

こういった節約では、一時的にお金に余裕が生まれても体を壊した結果、仕事ができなくなったり、高額な医療費がかかる。

節約するほどお金が減る「怪現象」が起こる可能性が大です。

そして**「安いから買う」**という姿勢は禁物です。
こうして購入したものは、賞味期限切れで廃棄したり、持て余してごみと化したり。
あまり使わずにそのまま放置してしまうという状況にもつながります。
文字通り「安物買いの銭失い」です。

買い物をするのならば本当に必要なのか？
気に入っているのか？
価格と質のバランスが取れているのか？
しっかり見極めたうえで購入しましょう。
高価でも気に入り、良質なものであれば長く使えて、結果として節約につながります。

少しでも食費を抑えようと、スーパーをハシゴする知人がおり、「退職して時間に余裕があるから」と言いますが、ハシゴに費やす労力も時間もお金です。大切な人生の時間をこうした行動に使うのは、もったいないと思います。

スーパーへの移動手段が自転車であれ徒歩であれ、そこに労力と時間というコストが発生している。車であればその都度ガソリン代が発生するため、より多くのお金が減っていくと捉えましょう。

それに時間や体力が必要となる節約は疲れが出てしまい、長く続けるのは難しくなります。

無駄な飲み会や遊びには参加しない、誘われたら断るという方もいます。

無駄の基準が「儀礼的で楽しめない」「頭数を揃えるため」「パワハラ、モラハラが絡んでいる」など、参加したくない理由が明らかな場合は、毅然と断るべきでしょう。

ところが、極端につきあいの回数を減らした結果、「何を考えているかわからない」「面白くない人」「ノリが悪い」から、「退職を考えている」「起業の準備に忙しい」なんて噂まで広まって、上司から問い詰められた知人がいました。

誤解は解けましたが、危うく「人員整理」のリスト入りになるところだったそうです。

「人づきあいの節約＝人間関係の節約」は、自分が会社や仕事から節約（整理や解雇）

されてしまうこともあるのです。

安定した仕事と健康な心身があればこそ節約ができるのですから、**何が大切で何が必要か？　お金を使うところと、節約するところを、長期的な視点で明確にしましょう。**

世の中は「節約志向」ですが、惑わされず自分なりの「節約視点」を持てば、お金は自然と貯まり、人間関係に恵まれ、心豊かな「幸せなお金持ち」になります。

幸せなお金持ちへの道

自分なりの「節約視点」を持つ。

第3章

幸せなお金持ちになる「千円札」との向き合い方

1000

ねえ「幸せなお金持ち」ってどんな人だろう
HAPPY AND RICH
僕はこれまでいろんな幸せなお金持ちを見てきたよ
どうもリアルに想像できないな……
まあ忘れてそうだから言うけどここでも「千円札」が大事
出た、千円札！でもお金持ちなんだから一万円札を大事にしてるんじゃないの？
うんぜんぜん違う
1000

ちょっと君のお財布見せてよ
ファイティングポーズすな
えっ僕の財布？
あんまり入ってないし1円たりともあげないよ
あーお札がくしゃくしゃ……これダメね
くしゃ〜
いやくしゃくしゃでも千円は千円だし
あ！何してんだ返せこら！
パクッ
ピィーン
ピン札になってる！どんな仕組みだよ……

「千円台のブランドハンカチ」を常備する

手洗いの後、額の汗をぬぐう時、雨の日なら体やバッグに付いた水滴を拭き取る時など、ハンカチを使う場面は多いですよね。

幼少期からの習慣で、私は外出する際は「ハンカチ・ティッシュ・お財布……」というように、さまざまな場で活躍する「ハンカチ」を忘れないように確認しています。

外出する際は、皆、ハンカチを常備していると考えていたのですが、最近の「ハンカチ事情」は少々異なるようです。

トイレで手を洗った際、濡れた手を服で拭いたり、水気を払ったら、その手で髪の毛を触る。

吹き出た汗をTシャツでぬぐっている姿も見かけるようになりました。

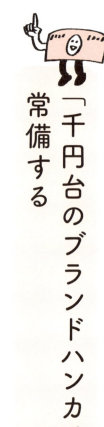

本人は無意識にやっているのかもしれませんが、こういう姿は見られています。ハンカチを持っていない（使わない）だけで、「清潔感がない」「だらしない」と悪い印象を持たれているかもしれないのです。

ある統計では「外出時、ハンカチを必ず持っている」と答えた人は48％。何と、二人に一人がハンカチを持っていないという結果に驚きました。

ハンドドライヤーやペーパータオルが備えつけられているトイレが増えたことも影響しているのかとも考えますが、**「幸せなお金持ち」に、ハンカチを持ち歩かない人を私は知りません。**

そして彼らの目は厳しいですよ。ハンカチを持たないと知ったら、評判が良く、キャリアやスキルに定評がある人だったとしても、自ら近づいたりしません。

「ハンカチを持っていない」とわかった時点で、「社会人失格」と判断する可能性すらあるのです。

幸せなお金持ちは、「愛用品には品格が出る」と考えています。

ですから、自分が使うものは、自分の品格を高めるものを選びます。

「幸せなお金持ちになりたい」「お金持ちから学びたい」と望むならば、彼らの前に出した時に恥ずかしくない、あなたの品格を漂わせる「ハンカチ」を選びましょう。

おすすめは、**白やクリーム、ブルー、淡いピンク色で、デザインが主張し過ぎない「ブランド品のハンカチ」**です。

使うと、手の仕草まで優雅に見えますし、何かあったときに、さっと「ハンカチ」が出てくると、好感度が上がるのは間違いありません。

バッグや靴は値段が張る「ブランド品」も、ハンカチなら千円台から購入することができますよね。

「たかがハンカチ」ではありません。

それで好感度が上がり、あなたの品格を高める材料にもなる。

ハンカチの威力「恐るべし」です。
人前で使う、差し出す可能性のある「ハンカチ」を見直しましょう。
もちろんシワのない清潔な「ハンカチ」です。

幸せなお金持ちへの道
「愛用品」には品格が出る。

「ピン札の千円を入れたポチ袋」を持ち歩く

私のバッグには、**「ピン札の千円を入れたポチ袋」**が2つ入っています。

これは、**出先で思いがけず親切に救われたり、感動する話に遭遇したりした時などに、「謝礼」のニュアンスでお渡しするものです。**

受け取りを固辞される方もいらっしゃいますが、

「（ポチ袋なので）大金は入りませんから」

と冗談交じりで伝えたり、

「私の習慣なので、協力していただけませんか？」

などと言うと、袋に触れるとわかる金額でもありますから、受け取っていただけます。

命の恩人やビジネスの危機を救ってくださった方へのお礼は、お金では計り知れないのは誰が考えても明らかですが、日頃受ける親切に対して、高額をお渡ししたら「お金にものを言わせる人」というイメージを相手に抱かれる可能性が大きいですし、「ありがとう」「助かっている」「感謝している」という言葉だけでは物足りないと思う向きもあるでしょう。

そこで気兼ねなく受け取ってもらえる紙幣界の「スーパースター」、使い勝手のいい「千円札」を選んで入れているのです。ピン札にしているのは、感謝の念を純粋に表したいという理由からです。

ポチ袋は季節を感じるデザインのもの。春は桜、夏はひまわり、秋はお月見、冬は雪だるま。また、ハロウィーンやクリスマス、お正月やバレンタインデー、ホワイトデーなどのイベントの時期には、そうしたイラストが描かれているポチ袋を使うこともあります。

「ポチ袋を渡す機会は、自分にはないのではないか？」
「こうしたお金は相手に失礼にあたるのではないか？」

「千円札入りのポチ袋」で、感謝の気持ちを表そう

以前、こうした質問をいただきましたが、**一回千円であってもそれはお金を社会に回すことであり、「感謝の気持ち」を循環させる。**尊い行動です。**感謝の気持ちが広がることもありお金は回さない限り社会は良くならないですし、ません。ましてや、自分のもとに喜んでお金は帰ってはこないのです。**

ただし無理は禁物。

私は、月1万円程度を「謝礼のポチ袋代」に計上していますが、ほぼ使い切ります。それだけ人に支えられていると思うと、支払った額以上の学びがあります。

この行いができる環境に感謝が募り、ずっと続けられる自分でいようと、仕事にも意欲が生まれます。

「千円札入りのポチ袋」は小さなものですが、もたらす力は計り知れません。

幸せなお金持ちへの道

「千円札入りのポチ袋」で感謝の気持ちを循環させる。

財布には、必ず「千円のピン札」を入れておく

「お金は天下の回りもの」という言葉がありますね。

その通り、お金は常に人の間を巡っており、**「出て行ったお金は回り回って、いつかは自分のもとへ帰って来る」**と信じているのが「幸せなお金持ち」の共通認識です。

それを実現するために、**一度出て行ったお札が気持ちよく戻ってきてくれるように、お札は綺麗な状態で保管しておくのがベスト**です。

古いお札は、さまざまな人の手を渡ったために、不潔な印象は否めません。

一方、ピン札は無垢で汚れがないため使う時も気持ちよく、悪い影響を受けにくいと言われています。

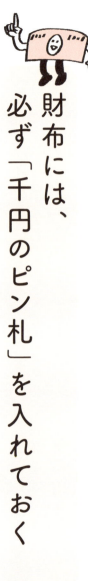

書き込みがあるお札を手にしてしまうこともあります。

そんな時には、「可哀想に。今度は綺麗になって帰ってきてね」と気持ちを込めながら、日用品や食品などの購入に真っ先に充てる。

お札が一部でも破れていたら、銀行で交換することも忘れません。

私は「千円札」は紙幣界のスーパースターであり、お金の価値の基本だと解釈していますから、財布に「千円のピン札コーナー」をつくり、数枚必ず入れています。

財布は私にとって「幸せなお金持ち育成神社」ともいえる場所。

妙な行動だとは思いますが、財布を開くたびに「私はお金に恵まれています。ありがとうございます」と、神社に参拝するように感謝の気持ちを口にします。

また、お金を使う際は、ピン札の千円から。

「（綺麗な姿で）行ってらっしゃい。お友達を連れて帰ってくるのを楽しみに待っています」と心の中で語りかけています。

もちろん一万円札や五千円札も大切に扱いますが、使用感があっても、私にとって価値が一番高いのは千円札です。

お金に対する考え方は人それぞれ違って当然ですが、数多の幸せなお金持ちに出会って感じるのは、

「財布には千円のピン札が入っている」

「お札の向きが揃っている」

「お札を大切に扱う」

「支払う時には明るく、いただく時には謙虚に」

という姿勢です。

また、**「お金はお金に引き寄せられる」**と考えている方が大半ですから、**「財布の価格と同じくらいの金額は入れてある」**のも見逃せません。

それは当然ですよね。

キャッシュレス時代、原則はカード払いの人であっても、高額な財布の中がスカスカでは、お金から不信感を抱かれるのではないでしょうか。

「紙幣界のスーパースター千円札」は、扱う人の振る舞いや発言をチェックしています。

私たちは、「日々試されている」と言ってもいいでしょう。

そこで千円札に「よし、合格！」と判断されたならば、あなたは「幸せなお金持ち」へと、さらに近づくはずです。

幸せなお金持ちへの道

財布に「千円のピン札コーナー」をつくろう。

千円で「幸せなお金持ち」と仲良くなる方法とは

あなたには、地元で気軽に通える**「馴染みの飲食店」**がありますか。

SNSやメディアの情報を得て、お店を見つけるのもいいのですが、そういう店は繁華街や主要駅に近い立地だったりして、気軽に通うのは難しいですよね。交通費も時間もかかりますし、立地が良い店は価格も高め。

入店待ちの時間を考慮したら、一日がかりということもありえます。

美味なメニューで雰囲気もサービスも最高だとしても、満足感以上のメリットは得られない。「馴染みの飲食店」にはならないと思うのです。

私は、**地元に千円程度の予算で家計の負担にならない「馴染みの飲食店」**をつくることをおすすめします。

そのお店の条件は、**「地元で長く愛されている」**こと。経験則ですが、**こういうお店には「幸せなお金持ち」になる情報が溢れている**のです。

毎週火曜の朝に、地元にある喫茶店に通うようになって2年。

頼むのは、煎りたて、挽きたての豆で抽出するドリップコーヒーと、自家製ジャムが添えられた厚切りトーストの「モーニングセット」。

座るのは、カウンターの端っこの「いつもの席」と決まっています。

BGMはクラシック、落ち着いたインテリア、お客様は地元経営者や別荘族。時折、著名人がお忍びでくることもある「大人の喫茶店」です。

「本格的なドリップコーヒーが素晴らしい」と、町内会の世話役さんから伺って通い始めました。

最初は「常連」になるとは考えていなかったのですが、居心地の良さとモーニングセットのお得感、味わい深いコーヒーにすっかりハマり、毎週通うようになりました。

意図して行ったことではないのですが、席を独占しないようにカウンターの端っこを選び、帰り際には「今日も美味しかったです、ありがとうございます」と、おつりが出ないように「モーニングセット料金900円（税込）」丁度を支払う。

スタッフが忙しそうな時は、さりげなく「私は後回しでいい」ということも伝えました。

何度も通えば気心が知れ、つい話し込んでしまいがちですが、他の方への接客を邪魔しないように心がけています。


そんなある時、マスターから「臼井さんは作家さんなのですね」と話しかけられました。それまで仕事の話はしたことがなかったのですが、偶然、ネットで私の本を見つけ、尋ねてくれたのです。

そして「会わせたい人がいるんだ。読書好きで面白い人だから気が合うと思う。もうすぐ来る時間」と。

現れたのは、有名企業の創業者。今は息子さんが後を継ぎ、ご自身は熱海ライフを満喫していらっしゃる会長さんでした。

「臼井さんの本は以前から読んでいました。特に『やりたいことを全部やる!時間術』(日経BP)は幹部全員に読ませたくて、まとめて取り寄せたんですよ」

驚きました。著者冥利に尽きます。

それからというもの、様々なジャンルで活躍されている「キーマン」に会う機会を、その喫茶店でつくってくださるようになりました。

私の力では到底辿りつけない大物とも縁をつないでくれたのです。

今は月に一度、会長宅で行われるパーティーに参加。そのたびに、ビジネスの修羅場を切り抜けてきた先輩の話や、商品開発の裏側など、この場でしか聴けない「幸せなお金持ちの真実」を得ています。

こんな筋書きは想像していませんでしたが、**地元で長く愛されている「飲食店」は、味やサービスに厳しい人たちに支えられている**といってもいい。

そういう方々は、**本物の人間関係を構築していて、ネットワークも確か。**

「美味しいコーヒーと厚切りトースト」にありつきたいという私の食いしん坊から始まった地元での「馴染みの飲食店」探しが、身を結んだのは偶然ではなかったと感じています。

喫茶店から始まった地元での「馴染みの飲食店」探しは、今やイタリアンレストランと甘味処の3店に増えました。どちらも地元の名士や政財界の方も訪れる「隠れ家的名店」です。だからといって気取らずリーズナブルで美味。店主の人柄を慕う常連さんが多く、私もその一人です。

そこでのご縁で著名な事業家と仲良くなり、直に「超、幸せなお金持ちの空気」を感じています。それは生きたお金の学びになっています。

幸せなお金持ちへの道

地元に「馴染みの飲食店」をつくろう。

週に一度、自分への「千円のご褒美」で活力が生まれる

あなたは普段、自分に「ご褒美」をあげていますか。

私は自分に甘いので、**週に一度は自分に「ご褒美」**をあげています。

そうはいっても、ブランド物を買うとか、高級グルメを堪能するとかいうことではありません。

誕生日や記念日など、特別な時には、そういうセレクトもありますが、週に一度という頻度で同じことをしていたのでは「ご褒美貧乏」になってしまいます。

そこで、**「予算は千円程度で、自分のために贅沢な時間を過ごす」**ことをモットーに「ご褒美」を決めています。

気軽に通えるファストフードのコーヒーが定番の方ならば、お洒落なカフェで一番上等なコーヒーをいただく。

安さと速さ重視で「昼食」をとっている人ならば、名店でゆったりいただく「ランチコース」を選ぶ。

ごく普通のビールを愛飲している方ならば、晩酌にはちょっと値の張る「クラフトビール」をとっておきのグラスでいただく。テラスで星を眺めながら飲むなんて演出もいいですね。

映画や演劇好きな方ならば、ワンランク上の座席で鑑賞する。

話題のミュージアムに出かけたり、社会科見学のノリで博物館へ。童心に返って動物園に行くのも面白いでしょう。

友達や家族と一緒に過ごす時間も、もちろん楽しいでしょうが、一人で過ごす時間がないと、集中できず考えがまとまらないだけでなく、周囲への不満が生まれます。

自分のことだけを考えて頭を整理したり、何にも考えず目の前の美味しいものや楽しいことに集中する「自分のための贅沢時間」は、「人生の質」や「生活の質」を高

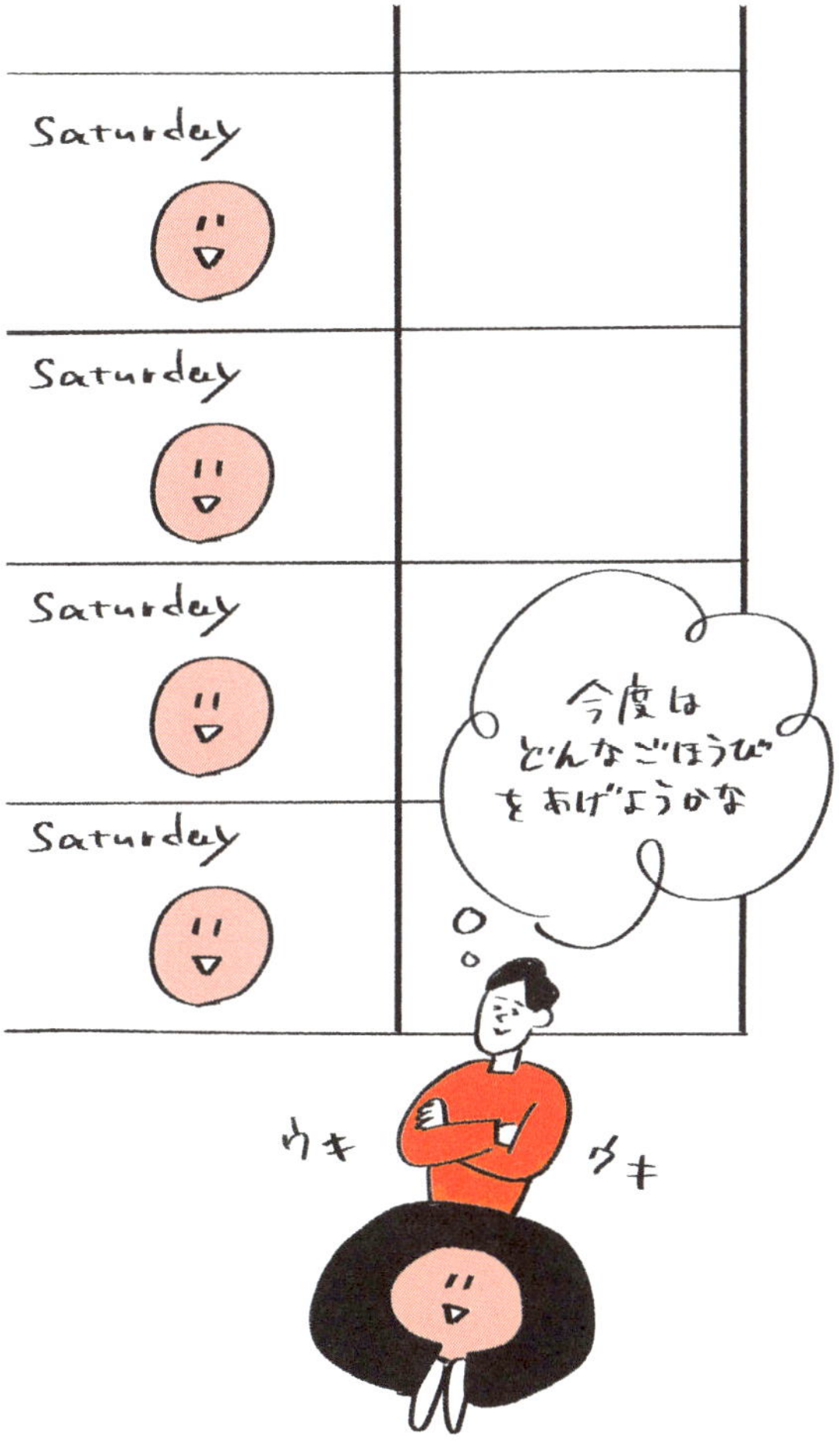

「週に一度の自分へのご褒美」は、気持ちをポジティブにしてくれる

めるために欠かせません。

そして「幸せなお金持ち」になるためにも必要なのです。

そんな**「ご褒美」があると、贅沢な気持ちになって、「明日からも頑張るぞ」「もっといい仕事をします！」と、疲れがたまっていた時や少々落ち込んでいた時でも、「ポジティブな気持ち」に変わり、来週のご褒美を楽しみに頑張る原動力にもつながります。**

加えてご褒美デーには、お洒落をしてメイクやヘアを整える。男性ならば、ひげや爪、手のケアを入念にしましょう。

これはご褒美デーをさらに印象づける行いで、ご褒美自体を心から楽しみ、一層気分を上げるのに効果的です。


時間に追われている気がする。

忙しいが口ぐせになっているのではないか？

何だかイライラしている。
という節があるのならば、「週に一度の千円ご褒美」を試してみてください。
千円が何十倍、何百倍……にもなって、あなたを豊かにするでしょう。

週に一度の「千円ご褒美デー」を始めてから20年を経ましたが、オンとオフの切り替えがうまくなっただけでなく、集中力や先見力、企画力が確実に高まりました。
アイデア不足やネタ切れとは無縁で、仕事に恵まれ、人に恵まれ、「幸せなお金持ち」になれたと胸を張って言えます。

幸せなお金持ちへの道

週に一度は千円程度で、自分のために贅沢な時間を過ごそう。

「お金持ちごっこ」から生まれた千円札とのつきあい方

物事を行う際や選択する際に、

「お金持ちだったらどう考えるのか？」

「先ずどんな行動をとるのか？」

「どうやって選択をするのか？」

「決断するタイミングはいつなのか？」

というように、「お金持ちになったつもりで、行動したり決断したりする」ことを、気づけば20年以上続けてきました。

「臼井さんは、そもそもお金持ちだったのではないか？」と言われてしまいそうですが、たまたま一時、大金を得て贅沢三昧な暮らしをしていただけで、私には「お金持ちが持つ覚悟」ともいえる「思考力や行動力」が備わっていませんでした。

ですから夫が原因とはいえ、「多額の負債」を抱え、食うに困る寸前にまで追いつめられました。


その時は、「お金は怖い」「お金に苦労させられた」なんて、自分の至らないところを棚に上げて「お金」を悪者扱いしていたのです。

お金は純粋無垢であり、扱う人がその価値を決めるのに、お金には何の罪もないのに、お金を恨みました。

そして虚像のお金持ちだった時を懐かしんでは、ため息ばかり。利息を返すのがやっとの状態で、死んでしまいたいとまで思いました。

そんな私の転機になったのは、あるメディアからの取材でした。

私を「リアルなお金持ち」だと思って、その思考法や行動、戒めていることや積極的にやっていることなどをインタビューするというものでした。

実際は巨額の負債に困窮しているのに、なぜ私に依頼がきたのか不思議でなりませんでした。

「貧乏で困っています」とか「倒産寸前です」とかは口にしてはいませんが、お金がないのは明らかです。

「嘘をつくことになるから、インタビューを断ろう」とも思いましたが、逆転の発想をしてみました。


「お金持ちに見えるから、取材がきたのよね」

「貧しいというイメージが、私にはまったく湧かないということよね」

「だったら『お金持ちの才能』はあるし、世の中もそう見ているのだから、この機会を活かして取材を受ける日まで、徹底的にお会いしてきた『お金持ち』の考え方や行動を見直し、勉強して可能な限りマネをしよう」

「お金持ちごっこ」は、本物に変わるための確実で堅実な成功術

編集者が腑に落ちるような「幸せなお金持ち像」を演じると決めたのです。

本書の「千円札」とのつきあい方も、そんな幸せなお金持ちたちの知恵から学んだことです。

そうやって、見破られないレベルの「お金持ちごっこ」を目指しました。

3億円の負債があるのは、「3億円もの蓄えがある」。

お金がないという嘆きの言葉は、「生きているだけで幸せ」。

お金に換えられるものをすべて処分したのは、「必要なものだけで賢く暮らすのが本物のお金持ち」。

そう捉え、堂々と胸を張り、「ポジティブな言葉」しか使わない暮らしが「取材」を機に始まりました。

もちろん見た目は大事ですから、「笑顔」と「背筋を伸ばして歩く」ことは欠かせません。そして高見えするスーツに、シンプルなアクセサリーを組み合わせて取材を受けました。

結果、「お金持ちごっこ」は成功。と同時に、「マネ事」「偽物」ではない「幸せなお金持ちになれる。絶対になる！」と確信できました。

あなたも「お金持ちごっこ」をしてみませんか。

「お金持ちごっこ」というと、ふざけていると思う方もいらっしゃるかもしれませんが、**「お金持ちをマネる」**と解釈したらどうでしょう。

何かを極めるには、その道で卓越した方の振る舞いや発言、仕事ぶりなどを徹底的にマネることから入り、実力や技術を磨き、オリジナルに仕上げるのがセオリーです。

「お金持ちごっこ」も、その一種。確実で堅実な成功術です。

幸せなお金持ちへの道

「逆転の発想」が、幸せなお金持ちへの入り口になる。

豊かさは、想像を超えたところからやってくる！

倒産寸前の会社経営者だった私を、リアルなお金持ちだと信じ「お金持ちの思考や行動」について取材を申し出てくれたメディアの期待に応えるために、お金持ちの言動や思考などをマネる「お金持ちごっこ」でその場を切り抜けた私を待っていたのは、想像を超える出会いと仕事の数々でした。

その取材を機に、胸を張って「幸せなお金持ちになる」と決意して、より一層彼らが何を学び、どう考え行動するのか？　を追求しました。

特に気になった「幸せなお金持ち」には、伝手《つて》を頼って面談をお願いしたり、「お金持ち」の集いに積極的に参加したりして、交友を広げていきました。

そうやって学ぶ過程で、私のもとには「お金持ちの思考法」や「小さな企業が生き残るコツ」などをテーマにした講演の依頼や、「お金持ちになるための勉強法」「リアルなお金持ちの暮らし」などをテーマにした出版依頼が数多舞い込むようになったのです。

「破産宣告したほうがいい」とまで言っていた実態を知る数少ない方からも、

「風向きが変わってきたね。淡々とやるべきことをやれば、危機は乗り越えられる」

「(あなたには)この試練を仕事のネタにする強さがある！　大丈夫」

とポジティブな声が届くようになりました。

アドバイスをくださった金融関係者もいたのです。その学びには、感謝してもし尽くせません。

気づいたら、返済の目途がたち、私の収入も右肩上がりになっていました。

これは私に限ったことではありません。例えば、売り上げ減少に歯止めがかからず倒産の危機に直面していた5代目社長は、先代の時代から仕えていた社員から非難を浴び、古くからのお客様からは「これで○○は終わったね」と言われながらも、社名やロゴの変更、自社工場を売却して外注での生産、ネット販売の強化、YouTubeやSNSを使ったPRなど、改革を次々に決行。

「老舗のプライドは捨てる、自分は挑戦者だ」と捉えた結果、5年で収益を倍増させ、その勢いがとどまることはありません。

お金が「ない」を「ある」と考える。
倒産の危機を「健全経営のチャンス」と考える。
お金持ちになりたいを「既にお金持ちである」と信じる。
すると現実が変わります。
そして変化した現実に感謝して、お金へのリスペクトをさらに深める。
そういう循環が、想像を超えた豊かさをもたらすのです。

貧しさや苦しさにフォーカスしているうちは、目の前にお金がある証拠が見えてこないもの。苦渋の表情をした人には「豊かさ」や「お金」は近づいてきません。

自分の経験や、見聞きしてきた「幸せなお金持ち」から学んだのは、**「豊かさは、想像を超えたところからやってくる」**ということ。

そのことに気づき感謝して受け取った人から、どんどん豊かになっていくと確信しています。

幸せなお金持ちへの道

「お金持ちになりたい」と願うのではなく
「既にお金持ちである」と信じる。

第4章

コミュニケーションが円滑になる「千円」の習慣

1000

どう？　最近は浮かない顔が減った気もするけど
浮いてるじゃん
うん！　なんかちょっといい感じかも
ただなんか最近職場の人たちに避けられてるような気が……
少しお金が入るようになったところでケチはケチだからね
そんな君には無理だと思うけど
うん無理
ムッ

何だよ気になるじゃん
あのさ職場の人たちにコーヒーでもおごってみたら?
1000
翌朝
皆さんのためにコーヒーを淹れてきましたー!
いやそうじゃなくて……
普通、そういうのは缶コーヒーとかなんだけど

コーヒー代は気前よくおごる

久しぶりの人にお会いする際は、相手の仕事場近くの喫茶店や、お互いの住まいの中間点にあるコーヒーショップで待ち合わせることが多いのですが、これらには共通点があります。

ガラス窓で中が見渡せ、相手を探しやすい。遅くとも約束の15分前には現地についている私の姿も、容易に見つけることができる。

コーヒー代は一杯千円程度。商談や雑談をする人も多い「ほどほどの喧騒《けんそう》」のある場所です。

支払いは「割り勘にしよう」とおっしゃる方もいますが、「再会できて嬉しいので」とか「ちょっといいことがあったので」と言って、１００％私がコーヒー代を支払っています。

なぜそんなことをするのか。

久しぶりに会える（再会の喜び）。

わざわざ私のために時間をつくってくれた（労力と時間への感謝）。

快く迎えてくれた（変わらない絆）。

こういう気持ちを表すには、コーヒー代のおごりくらいが仰々しくなくていいと思うのです。

ビジネスの場では、先輩や上司、プライベートでも年長者に何かを「おごる機会」はほとんどないでしょう。

特に、先輩や上司、年長者と話す時には、報告や相談を持ちかけるケースが多いは

1杯千円のコーヒー代は、人間関係の潤滑油

ず。そんな時、「(相談代ですから)コーヒーはご馳走させてください」と声をかけるのは自然ですし無理がありません。

この時、「おかげで気持ちが晴れた」とか「踏ん切りがつきました」などの何気ないひと言があれば、「役に立って嬉しい」と、気持ち良くおごられるでしょう。

これが、「会食」や「飲み会」でおごるとなると、身構える相手もいるでしょうね。「しらふで話ができないことなのか?」と勘ぐる人もいるはずですし、コロナ禍を経て「飲みニケーション」が少なくなった今では、「面倒なことを頼まれるのか?」と、疑う方もいらっしゃるのではないでしょうか。

でもコーヒーならば、そういう心配をすることなく、リラックスもできる。

コミュニケーションを図る意味でも、喫茶店やカフェでの一杯のコーヒーはぴったりだと感じています。

それだけではありません。オフィスやいつもの場所から離れた解放感とコーヒーの香りが「心地好さ」を演出して、会話も弾むことでしょう。

私がおごるのは、毎回ではありません。

相手かまわずおごるのは、高飛車なイメージを与えますし、あの人は「おごってくれる人」、自分は「おごってもらって当然」という意識になって、人間関係がぎくしゃくしてきます。

再会の喜び＋わざわざ私のためにに時間をつくってくれたという感謝の念。

自分を快く迎えてくれたという喜びに花を添える。

その一つの行いとして、コーヒー代を気前よくおごっているのです。

ひと月に計上する（おごる）コーヒー代は「6千円」ほどですが、それで得られる情報や清々《すがすが》しい気持ちは、お金には換えられません。

相手には「小さなサプライズ」となって効いているのも確かです。

幸せなお金持ちへの道
コーヒー代は、相手への感謝の気持ち。

お金持ちの「おごる」行為の意味

では、「おごる」という行為を別の視点で見てみましょう。

お金持ちは、おごることを「投資」だと捉えています。

会食をする場合には、楽しい時間や美味しいものを味わいながら過ごすだけでなく、良好な人間関係を築いたり、何らかの情報を得たりすることを期待しています。

そうした時間がビジネスの発展や資産を増やすことにつながるのであれば、それは「将来への投資」だと理解しているのです。

また、お金を払ってもらった側は、払ってくれたことをありがたく思い、何かの機会にお礼をしようと考えるものです。

どのようなお礼であっても、何かしらの見返りが期待できます。

見返りというと、首をかしげる方もいらっしゃるでしょうが、口には出さなくても、誰しも何らかの見返りを期待しながら、人間関係を構築しているものです。

お金持ちは、自分にとってプラスにならない人とは、無駄に飲食はしません。得られるものがあることを見越していますから、会食やランチミーティングの誘いなどがあなたに来るならば、お金持ちの「おめがね」に適《かな》ったということ。それは大きな収穫です。

ですから「おごられるのは不本意だ」とか「おごられる筋合いはない」などと頑固にならず、「自分がどのような価値を提供できるか?」「自分が役立つことは何か?」を考えたうえで、気持ちよくおごっていただきましょう。

以前、香港で最高級と言われるレストランで現地の「大富豪」からご馳走になる機会を得ました。ホテルへの送迎はロールス・ロイス。レストラン前で支配人と大富豪からお迎えの挨拶があり、店に入りました。料理や器、サービスが素晴らしかったのはもちろんです。

なぜ私に声がかかったのか？

私を「ビジネスパートナーとして試験する」ためでした。

「英語ができてフットワークが軽く、世界で売り出せる商品を開発する才能がある女性経営者」など。

後に真意を聞いて驚きましたが、通訳なしでの会話はぎこちなくても和やかでした。つたない英語でしたが美味しい、感謝している、感動している、信じられないなどの感情はさまざまなバリエーションで伝えました。

おごって良かったと思っていただけるように、私が知るビジネスヒントやエピソードもお話ししました。「どのような価値を提供できるか？」を丁寧に伝えたのです。

結果、香港、マレーシア、シンガポール、台湾、インドネシアから中近東へと一緒に仕事をする機会を得ました。それで私は予想しない人脈や利益を得ましたし、彼はより世界規模のお金持ちになりました。

お金持ちだからおごるのではなく、投資としておごるという点に注目しましょう。彼らにおごってもらう機会のために、日頃から「自分がどのような価値を提供できるのか」を考えておくことも必要です。

価値とは、もちろん「お金」ではありません。

幸せなお金持ちが苦手とすることや、面倒だと躊躇《ちゅうちょ》する作業を進んで手助けする。場合によってはレクチャーする。

知恵や労力、時間の提供です。ただし、自己PRはほどほどに。

「○○さんは、プログラミングが得意だったよね」

「◎◎さんは、料理はプロ級だと聞いたことがあるけど」

などというように、幸せなお金持ちから声がかかるように、日頃からそれとなく話題にしておくのが賢明です。

幸せなお金持ちへの道

お金持ちはおごることを「投資」だと捉えている。

お金の情報は、「千円を払っても聴きたいかどうか」

お金が入ってくるようになるには「知恵」が必要であり、貯めたお金を減らさずに、増やしていくためにも「知恵」が欠かせません。

ある程度のお金を持っていれば必ず、その知恵を試される場面がやってきます。

最近はＳＮＳに「私の愛車、ついにやってきました」とか、「ダイヤのリングは、彼から贈ってもらった誕生日プレゼント」など、写真と共に投稿しているのを見かけますが、プロフィールや写真の背景で、ある程度、住まいや勤め先が特定できてしまいます。

あなたを騙そうとする人にとっては、絶好のチャンスを自ら提供しているも同じですから慎むべきでしょう。

お金を持つとそのお金を狙う人が現れるのが常。

先のような軽率な行動や、お金に関する知恵がないと、うまい話に引っかかって、騙されてしまう可能性があります。


退職記念に新車を購入、SNSに投稿した直後に、「レアものの中古車が安く手に入ります。すぐに売っても50万円は儲かります」というようなダイレクトメッセージが来た知人がいます。

また退職金を狙ってか、退職日の3カ月ほど前から「高金利で安全有利な投資先があります」と、資産運用を勧めるDMがSNSを通じて立て続けに届いたという人もいます。

それが本当に確かならば、先に金融機関が投資しているはずですよね。

そういう事実がないのは、安全有利の資産運用ではないからです。

中古車市場や金相場、不動産投資においても同じです。

「儲かる」と思い込んで物件を買っただけでは成功しません。それこそ、知恵を使って資産運用をして、初めて成果が出るものです。

金融機関は、そういった不動産投資家の姿勢に対して融資をするのだと心得ましょう。

私は、**お金持ちになるには「あらゆる知恵」が必要だ**と考えています。

そういうものが備わっていないでお金を持つと、「一時的なお金持ち」にはなれますが、お金を持ち続けることはできません。

お金持ちになりたいのであれば、幸せなお金持ちから「お金にまつわるあらゆる知恵」を学ぶようにしましょう。

そうでない相手からの情報は、「知恵」ではなく「誘惑」と解釈して、私はスルーしています。

なので、**「顔見知りや知人など縁のある人からの情報は、『授業料』（5分千円）を払っても聴きたいものか？」**を判断材料にしています。

実際、授業料を払ってでも得たいと思う情報は稀《まれ》です。それを得ても、活かす場が近くになく時間がかかるようならば、実践はしません。

そうやって取捨選択するクセがついてから、間違った情報に踊らされる、騙されることはなくなりました。

お金は、身の丈に合った分だけが入ってくる。

5分千円を払っても聴きたい情報か？

タイパとコスパを計算しながら知恵を養って、結果を出していきましょう。

幸せなお金持ちへの道

お金持ちになるには「あらゆる知恵」が欠かせない。

上司や同僚に気に入られる「千円」の使い方

さりげない「気遣い」ができる人は、誰からも好かれます。

一方、過ぎた気遣いは「お節介」だと思われたり、何か魂胆があったりするのかと、私などは疑ってしまいます。特にプレゼントを渡されたり、ご馳走になったりするシチュエーションでは、いろいろと気をもんでしまいますね。

気遣いとお節介の境界線は意外と難しいもの。人によっても立場によっても違いますから、見極めるのは容易ではありません。

そんななか、「すごい」と思った部下の気遣いを話してくれたのは、間もなく退職を迎える知人です。

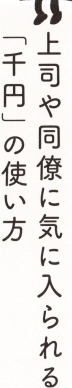

知人の職場での話です。残業がある日に、全員（知人を含めて6人ほど）に缶コーヒーや缶ジュースをおごる部下（男性）がいるそうです。

金額にすると千円ほどですが、それぞれの好みを覚えていて、ある人は「ブラック」、ある人は「カフェオレ」「炭酸水」「オレンジジュース」というように、セレクトを間違うことはありません。

知人はその男性の上司であって、本来そうするべきなのは自分なのに、先を越されるのだそうです。

それは上司に気に入られたいとか、いい人に見られたいというものではなく、ごく自然な振る舞いに映るようです。

知人は毎回「お金を払うよ」と言うそうですが、「私も飲みたかったので、つきあってください」、また「いつもおごってもらうのは悪いから」と全員分のお金を渡そうとすると、冗談交じりに「じゃあ今度、みんなにご馳走してください。ただし夕食かな？　高くつきますよ」と、はぐらかされるそうです。

このやりとりを見ている同僚や部下は「苦笑い」。「部長の負けですね」とでもいいたげだとか。

部下が上司の分まで缶コーヒーであったとしてもおごるというのは、なかなか聞かない話ですが、

●**残業で疲れている時だからこその「気遣い」**
●**全員の好みに合わせてくれる「気遣い」**
●**さりげないひと言がある「気遣い」**

これら3つの気遣いが感じられる「千円」の使い方に、嫌悪感を覚える人はいないでしょう。

またある人は「同僚がご馳走してくれた焼き芋の味が忘れられない」と言います。

仕事が終わらず一人オフィスに残っていたら、「石焼き芋、焼き芋〜」と言いながら差し出された新聞紙に無造作に包まれていた「石焼き芋」を、同僚とシェアして食べ

職場の仲間たちへの気遣いは、缶コーヒー１本で伝わることがある

たそうです。

「仕事に行き詰まっていた時だから、（気遣いが）すごく染みた」

思わず出た愚痴を「5分だけ聞くね。後は仕事を終えてから」と優しくリセットしてくれたのは、現役時代のいい思い出だそうです。

気遣いは金額の大きさで測るものでも、示すものでもありません。

千円で、十分すぎるほど伝わるのです。

そんな活きた「千円」の使い方をしたいですね。

幸せなお金持ちへの道

気遣いは金額の大きさで測るものでも、示すものでもない。

話しかけやすい雰囲気と通る声は「千円」でつくれる

集いなどで、急に司会から「挨拶をいただけませんか？」と声がかかる。管理職や責任者として働く方ならば、「エールや活を入れる話」を求められる場面もあるでしょう。

他にも「自己紹介」や「目標や夢」を語る。何かをお願いするときには、相手に相応しい言葉を選んで伝える。意見を求められたら、わかりやすく優しく伝えるなどなど。私たちの暮らしは、「会話をする」ことで成り立っていますよね。

その「会話」ですが、あなたの発言はきちんと伝わっているでしょうか。

静かな環境で相手が聞き耳を立てやすい。また一対一で、相手の質問に対して答える場面だったり、興味のある話を聞かせてくれたりするのならば、その会話はほぼ伝わるでしょうが、人の興味は1分で変わるものです。

口を挟む間もなく立て続けに話されたらうんざりしますし、ハリや艶がない声で話されたら、その内容はほとんど頭に入ってこないでしょう。

そんな状態を避けたいので、伝えたいことは一つに絞り、長々と話さない（一発言1分）ことを私は注意していますが、**ハリや艶のある声、シチュエーションに合ったトーンや響きなどは、日頃から練習していないと、急にできるものではありません。**

そこでおすすめしたいのは、**「カラオケルームでの自主練」**です。

1時間、「歌」は一切歌わず、マイクのエコーを極力絞り（私はゼロにしています）先ずは、「こんにちは」「ご無沙汰しております」「お元気でしたか？」「恐れ入りますが」「お待たせ致しました」「ありがとうございます」「またお会いしましょうね」など、日頃よく使う言葉を、相手が目の前にいると仮定して、マイクを通して話します。

この時、姿勢や表情、話すスピード、声の響きにも注意しましょう。

鏡があるような部屋を選ぶと、立ち居振る舞いが確認しやすくていいですね。

ひととおり言葉を発したら、決まって行う**「自己紹介」**を、いつものスピードで身振り手振りも交えてやってみてください。

人前で話す機会が多い方であっても、

「マイクを通すとどう聞こえるのか？」

「自分はどんな表情で話をしているのか？」

を知る方は少ないでしょう。

その状況で会話をしていると、伝わっているようで伝わっていない可能性もあります。


それだけではありません。大柄で声の大きい方や早口の方は、当人にそのつもりはなくても高圧的で悪印象。

キョロキョロしながら話したり、視線を合わせなかったり、姿勢が悪かったり、余計なアクションでも損をしてしまいます。

そういう人に積極的に話しかけたい、仲良くなりたいとは思わないですからね。

身近にあって気軽に行ける、「人目を気にせず」思い切り自主練できるカラオケルームは、好感度の演出や話し方や声の響きを磨くのに最適な場所です。

ただし「やりすぎ」は禁物。1時間を目安にしましょう。

これは超おすすめの千円の使い方です。

幸せなお金持ちへの道

「カラオケルーム」は、会話の自主練習場にもなる。

苦手な相手も落ちる「千円のサプライズ」とは

苦手な人や相性が悪いと感じる人は、誰にでもいますよね。

私は、世間話を振っても乗ってこない、意見を求めてもはぐらかされる、つかみどころがない人がとにかく苦手です。

一度「苦手」だと感じてしまうと、そこで思考が停止。コミュニケーションをどうとっていいのかわからなくなってしまいます。

そんな私を見かねた友人が、とっておきの習慣を教えてくれました。

「自分がされて嬉しいこと・相手の負担にならない・サプライズが決め手、なんだけど、何だかわかる？」

私自身、何でもない日にプチプレゼントをしたり、挨拶では「山田さん、こんにちは」というように相手の名前を会話の端々に入れたりすることで、親近感を演出するなど、苦手な相手と心を通わせる工夫はしてきました。

いろいろ考えている私に「（臼井さんは）忘れているかもしれないけれど、あるじゃない。もらったら嬉しい**祝電**だよ」。

「祝電？」思わず声が裏返りました。

考えてもいませんでしたが、私自身、出版記念パーティーで病床にある恩師からいただいた祝電に、涙したことがありました。

私を「ライバル」と言って、いつも憎まれ口をたたいていた知人から、誕生日に「病気になるなよ。おばさん臭くなるなよ。ライバルがしょぼくれるとつまらないから」と愛ある毒舌が記された「祝電」を受け取って、妙に嬉しかったことも忘れられません。

祝電は、結婚祝いや出産祝い、誕生日、記念日など、幅広いシーンで利用されています。現在はＮＴＴのほか、複数の電報会社がサービスを提供していて、相場では一通１６５０円程度から送れます。

友人は「年末年始の挨拶、就任や昇進祝い、寒中見舞いや暑中見舞い、開業や開店、移転、受賞など」ビジネスに関わる節目に祝電を利用するというのです。これは相手の状況を把握していないとできません。

関心を持っていなければ気づきませんよね。メールやはがきでのお祝いや贈り物もいいけれど、いただく機会がめっきり減った祝電ならば、サプライズの効果は大きいですし、カタチに残るけれど、相手の負担にはなりません。


人事や就任祝いは、必ず正式な辞令が発表されてから。辞令が出てから１週間以内に届けるのがベストです。

お取引先の方宛てならば、勤務先に贈るのが一般的。土・日・祝日は、大半の会社がお休みですから、受け取りが可能な営業日を選ぶのがマナーです。


「祝電をもらって嫌な人はいない。さりげない心遣いほど、いつまでも記憶に残るし、

「祝電」の出し方次第で、忘れられない人になる!

相手との距離を縮める切り札だよ」

そう友人は言います。

早速、私もちょっと苦手な取引先の方が昇進すると耳にして祝電を送ったのです。するとまさか臼井さんから祝電をもらうとは驚きました。25年勤務する中でこういう経験は初めてです。細やかな心遣いに涙が出ました」と電話をいただきました。

コミュニケーションに役立つ「祝電」の可能性は無限ですね。

幸せなお金持ちへの道

祝電は、最強のコミュニケーションツール。

初対面でも会話が弾む「千円札のうんちく」

２０２４年７月３日、１万円、５千円、千円の三券種が新しくなりました。

新紙幣は、１５０年以上にわたり培った「偽造防止技術」の結晶によってつくられていて、発行は20年ぶり。

特に話題となっているのが３Ｄホログラムです。これはホログラムの肖像が見る角度によって回転するというもの。銀行券としては、世界で初めて採用されたそうです。デザイン部分は凹版印刷で盛り上がっていて、額面の数字や識別マーク部分は、特に盛り上がりが出るように印刷されており、目が不自由な方でも識別できるようにざらつきをつくっています。

新札発行時には、いち早く入手しようと金融機関に長蛇の列ができました。

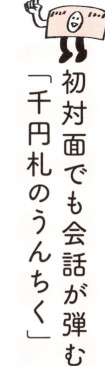

1万円札に描かれている、数多の会社や学校の設立に関わったとされる明治の経済人「渋沢栄一」氏。

5千円札に描かれている、女性で初めて海外留学を果たした一人で、女性の地位向上と女子教育に尽力した教育家「津田梅子」氏。

千円札に描かれている、細菌学者で、「近代日本医学の父」と呼ばれている「北里柴三郎」氏。


それぞれの生誕地やゆかりの地では、発行を記念したイベントや関連グッズが発売されるなど、盛り上がりましたね。

新札発行が刺激となり、景気が上向きになり、お金の使い方や在り様を考えるきっかけになったと、私はポジティブに捉えています。


せっかくですから、**「紙幣界のスーパースター」である千円札のうんちくを得て、初対面でも会話が弾むネタにする**のはいかがでしょうか？

ネットや書籍でも「新千円札」にまつわるうんちくは、簡単に得ることができますからチェックしてみましょう。

私は、新千円札発行で、

「富士山は山梨県側から見たほうが美しい。何といっても旧千円札のデザインには、本栖湖の北西岸にある展望地（山梨県身延町）から写真家の岡田紅陽が撮影した『湖畔の春』が使われているから」

「紙幣はそうであっても、富士山は静岡県側から見たほうが美しい」

という山梨県民VS静岡県民の論争は小休止した、と考えました。

というのも、新千円札の裏面には江戸時代の浮世絵師・葛飾北斎の代表作「富嶽三十六景（神奈川沖浪裏）」が描かれているからです。

新千円札に描かれた富士山はまさかの神奈川県から見たものになり、「富士山はどこから見たら美しいのか？」の答えを絞るのが、いっそう難しくなりましたね。

紙幣に描かれている富士山の変遷は、雑談ネタとして面白いものです。実際、私も使っています。

「伏兵、神奈川県が現れるとは思いませんでしたね」と言うと、「東京には『富士見坂』とか『富士見町』とかあるから、東京という選択肢もあったのでは？」なんて話が広がることもあります。

お金に関するうんちくは単に話題づくりになるだけでなく、流通実態や扱われ方などの知識が深まれば、お金を「身近で尊いもの」と捉え、今以上に大切に接することができるでしょう。

幸せなお金持ちへの道

新紙幣の発行は、お金を「身近で尊いもの」として捉える絶好機。

第5章

幸せを実感する、「千円台」のお金の使い方

1000

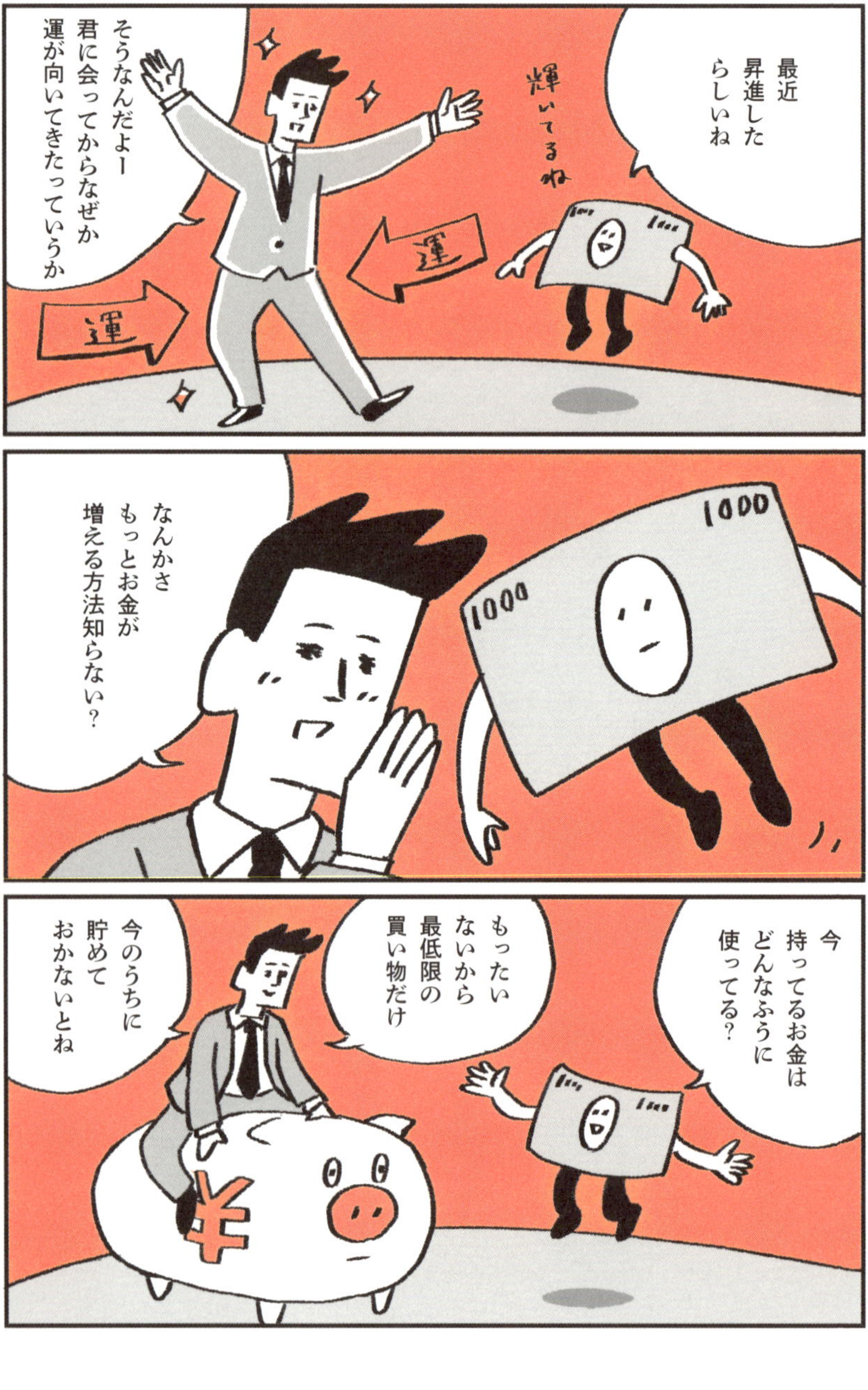
最近
昇進した
らしいね
輝いてるね
そうなんだよー
君に会ってからなぜか
運が向いてきたっていうか
運
運
なんかさ
もっとお金が
増える方法知らない？
今
持ってるお金は
どんなふうに
使ってる？
もったい
ないから
最低限の
買い物だけ
今のうちに
貯めて
おかないとね

あー、それ幸せになれないマインドね
お金持ちは使うからお金持ちなんだよ
なんでよ使ったらなくなっちゃうじゃん
そのお金「自分を幸せにすること」に使ってみなよ
自分を幸せに？
うん　そしていちばん大事なのは「豊かさのわかちあい」ね
豊かさのわかちあい？
唐突だなぁ…

「高級なティッシュペーパー」には、小さな幸せが詰まっている

高級なティッシュペーパーは、触れるだけで贅沢な気持ちになります。

グリセリンやヒアルロン酸などが保湿成分として配合されているものが多く、天然由来成分にこだわってつくられている「ティッシュペーパー」もあります。

こうした商品は肌に優しいですから、花粉症の方や鼻炎の方には「必需品」ともいえるでしょう。

スーパーや量販店で販売されているティッシュペーパーならば、ひと箱150円ほどで購入できますが、**高級なティッシュペーパーは、ひと箱千円以上する**ものもあります。

肌触りは優しいうえに、丈夫なのも特徴。

インテリアに溶け込むようなお洒落なデザインや商品名に凝った書体を使うなど、工夫が施され、ラグジュアリーな雰囲気も漂います。

私は7年ほど前までは、量販店で販売されているごく普通のティッシュペーパーを使っていたのですが、講演会で伺った先で「ふるさと納税の返礼品」としても使われているというティッシュペーパーを「先生、使い比べてみてください」と、控室で渡され驚きました。

「これがティッシュペーパー？　今まで使ってきたものとはまるで違う！」

私が知っているティッシュペーパーとは、柔らかさや肌ざわりが比べようもないほど違うのです。頬に触れた質感は、シルクのよう。

化粧水で肌を整えたようなしっとり感すら覚えました。

その時は主催者のご厚意でいただいたのですが、以来「高級ティッシュペーパー」にハマりました。

花粉症でも鼻炎持ちでもありませんが、その感触を知ってしまったら、もう普通のティッシュペーパーには戻れません。

「消耗品は安価でお得なものに限る」という私の常識は覆ってしまいました。

「高級なティッシュペーパーには、小さな幸せが詰まっている」

今ではそんな思いでいます。

目にする、手にする、肌に触れる、使う、捨てる……プロセスのすべてにおいて満足感を覚えます。扱う所作も自然と優雅になるから不思議。暮らしのクオリティーが高まっていくのも感じています。

「たかがティッシュペーパーでそんなに違うものか」と思う方もいらっしゃるでしょう。**消耗品は度々使うからこそ、良い物を使えば満足感が蓄積され、充実感が広がる**のです。

そういうものを使える幸せが呼び水になって、もっと大きな幸せに辿り着けるのだと感じています。

高級外車やマイホーム購入で得られる満足感と、高級なティッシュペーパーで得られる満足感とでは規模は違いますが、継続的かつ習慣的に続けられる「高級なティッシュペーパー」購入で得られる満足感のほうが、生活全体の質を高めるのにも役立つ。

消耗品の贅沢は、決してムダにはなりません。

私の周囲では「ティッシュペーパーやトイレットペーパー」を高級品に変える人が増えています。

幸せなお金持ちへの道

消耗品の贅沢は、生活の質を高める賢い投資。

幸せなお金持ちは、靴のお洒落を欠かさない

スーツやネクタイ、バッグや時計などには気を使っても、靴には無頓着な方が多い気がしています。実際、大企業が集まるビジネス街でも、靴を手入れしないまま履き続けている方を見かけます。

しかしあなたの「靴」は、見られていないようで見られています。

「靴を見れば、社会的に地位があり信用が置ける人であるか？」「出世していく人であるか？」がわかるからです。

私は「ピカピカに磨かれた靴の人」を見かけたら積極的に親しくなります。そういう人は、分野や業界は違っても、ほとんどの場合成功して管理職やトップに上り詰めたり、起業して成功を収めたりしているものです。

さらに、気づきや刺激を与えてくれる「キーマン」になる確率が非常に高いからです。

それに「ピカピカに磨かれた綺麗な靴」を履いているのは、ものを大切に扱う心の表れであり、それは他者への気配りにも通じます。

私が知る限り、**幸せなお金持ちになる人は若い時から、靴のお洒落を欠かしません。**

足元を見れば暮らしぶりがわかり、仕事の姿勢も靴から読み取れます。

丁寧にメンテナンスが施された良質の靴がもたらす効果を、彼らは知っているのです。一日履いた靴はほこりを払い、汚れをとり、次の日は休ませる。靴磨きやワックスで、日々の手入れも怠りません。

そして定期的にプロに靴を磨いてもらう、大切な靴の「休息の場」も設けています。

自分で磨くと、ただ光らせることに注力してしまいがちです。すると、大切な靴の寿命を縮めることにもなりかねません。

そこでお気に入りの靴とさらに長くつきあえるよう、ただ磨くだけ、光らせるだけといったその場しのぎの手入れではない「一流のサービス」を靴に受けさせるのです。彼らの靴へのこだわりは並外れているといってもいいでしょう。

手入れされた靴を履く人は、所作に品が漂います。足元に気を配っていると、自然と姿勢が良くなり自信がみなぎり、仕事ができる人とみなされ、成功を収め、お金にも恵まれる、いい循環ができます。

「足下を見る」という言葉がありますが、一流ホテルや高級ブティックでは、まずはお客様の足元をさりげなくチェックし、履いている靴でその後の対応ががらりと変わるとさえ言われています。

それほどステータスを表す象徴といえる「靴」なのですから、定期的にプロに手入れを委ねてみませんか。

相場は千円台～1万円ほどと幅がありますが、少なくとも月に一度はプロの手を借

りるといいでしょう。

メンテナンスショップや靴磨き専門店、一流ホテル、宅配でお願いする方法や、会社に靴磨き職人さんを迎え、営業や販売等の外回りの社員の靴や幹部社員の靴を磨いてもらうサービスを利用している経営者もいます。

彼曰《いわ》く「福利厚生の一環みたいなもの」。

靴磨きが「福利厚生」とは面白い発想ですが、愛情を込めてメンテナンスを施された靴を履き働く社員は、お客様への姿勢や仕事への意気込みがおのずと変わってくる。

それは数字になって表れてくると言います。

幸せなお金持ちへの道

月に一度は一流のサービスを靴に受けさせる。

休日は、サウナで心と体を整える

空前のブームを経て世の中に定着した感があるサウナ。

「サウナー」と呼ばれるサウナ愛好者も現れ、サウナつきの温浴施設だけでなく、サウナを中心とした施設も充実しています。

私のサウナデビューは１０２３年11月と遅めです。じつは25歳の時、スーパー銭湯に設置されていたサウナに入って軽い脳震とうで倒れてからサウナは避けてきたのですが、サウナーの友人に半ば強引に誘われ出かけました。

彼女曰く、**「『正しい入り方』を知っておけば、健康や美容の効果が期待できるだけでなく、『整う』体験をすることで、サウナをより楽しむことができる」**。

「整う」と、精神が瞑想状態になり、天国にいるような気分を感じることができるというので、友人からレクチャーを受けました。

①しっかり水分補給をする
②頭や体を洗う
③体を温めるために入浴する
④サウナに入る(6~12分)
⑤水風呂で体を冷やす(1~2分)
⑥外気浴をする(5~10分)

「サウナに入る↓水風呂で体を冷やす↓外気浴で休憩をする」

この流れを3回ほど繰り返すのが基本だと教えてもらいました。

確かに温冷の差を交互にすれば、体の循環を促進し、疲労回復などの効果がもたらされるのは納得できます。

しかし最初は、サウナも水風呂も慣れないものでした。6分サウナに入っているのも相当な我慢を要し、これではストレスが生じて心身にマイナスだと感じましたが、無理をせず時間や回数などを調整しながら、月に一度のサウナ通いを始めて6回目に「整う（多分ですが）感覚」を得ました。その後は、サウナーである友人の熱心な指導もあってハマりました。

サウナから出た後には体が軽いと感じますし、その夜はぐっすりと眠れます。肌の変化にも驚いています。

「すっぴん」で外出することに抵抗もなくなりましたし、リラックスできて精神も安定。いいことずくめです。

天然温泉とサウナが併設されているスーパー銭湯や、マッサージやエステなども充実したサウナ施設。遠赤外線サウナやスチームサウナ、女性限定のサウナやヘルシーな食事や美肌ドリンクを提供するお店もあったり。

お気に入りの銭湯やサウナを見つける楽しみもありますね。

平日だと、2千円台でも十分楽しめますから、ちょっとだけ非日常感を味わえる「サウナ」は、心と体、お財布にも優しいリラクゼーションです。

ちなみに、サウナでの温冷刺激により、脳内にはストレス緩和効果があると言われる「オキシトシン」、幸福感をもたらす「β《ベータ》ーエンドルフィン」、精神安定効果が期待できる「セロトニン」が分泌されていると言われています。

これを利用しないのは、もったいないですね。

幸せなお金持ちへの道

「サウナ」は、心と体、お財布にも優しいリラクゼーション。

月1冊、書店に行き、「直感で」本を選ぶ

令和5年度の「国語に関する世論調査」（文化庁）によると、一月に1冊も本を読まない人が62・6％とのこと。逆にいえば、37・4％の人は、月1冊は本を読んでいることになります。月1冊読めば、1年で12冊。月2冊ならば24冊。

まったく本を読んでいない人と、月1冊でも読書をする人とでは、読解力や想像力、語彙力、知恵や知識、教養や品格など、大人が持つべきものに、大きな差がついてきます。

読書が習慣になっていないという方でも、充分挽回できます。**まずは月1冊、千円台の投資をしてみましょう。**

書店に行ったら、ジャンルを決めず、ベストセラーやロングセラーにとらわれず、一

通り見渡した後に、惹《ひ》かれたタイトルや気になるカバー、装丁やキャッチコピーに目が奪われた本、子どもの頃読んだ懐かしい絵本や趣味を極めた専門書など、自分の直感で「手元に置きたい」「読みたい」と思ったこだわりの1冊を選びましょう。

その1冊によって、これまで思いもしなかった世界が広がっていくこともあります。

普段はビジネス書を読む機会が多い友人が、この術で選んだのは「新米パパのための子育て本」でした。息子さんは成人し家庭を持っているのに、なぜこの本を選んだのか？

「甘いおじいちゃんにならないために、子育てを一から見直したいから」でした。読んだ後は息子に託し、また別のこだわりの1冊を探すと言います。

奥様が長期入院したのを機に「時短料理レシピ集」や「プロが教える掃除術」「主婦のお仕事図鑑」などを購入した知人は、妻の存在の大きさと主婦業の大変さを知り、「年中休みなしで、拘束時間が長い。自分だったら月給50万円以上はもらわないと納

「直感で選んだ本」から、新しい世界の扉が開く！

得できない」と、こだわりの1冊から「妻への尊敬と愛情が深まった」と言います。

こういう類の本をビジネスパーソン（男性）は、よほどの理由がないと読みませんよね。必要に迫られて手に入れた1冊が、奥様の退院後も極力家事をするご主人へと変身させました。


今、私のこだわりの1冊は、大河ドラマ「光る君へ」（NHK）の影響もあって『源氏物語 ビギナーズ・クラシックス 日本の古典』（KADOKAWA）。このシリーズは44冊もあります。

読み終わる頃には、世界最古の王朝ロマンを自分の言葉で語れるようになるのではないかと期待しています。

40代半ば頃までは「タイパやコスパ」「成功哲学」「偉人の言葉集」「政治や経済、景気に関する本」など、ビジネスまわりの書籍を読むのがほとんどでしたが、今はノンジャンルで気の向くまま、自由にセレクトしています。

過去に読んで感銘を受けた本が「新装版」になった時には購入。年齢を経た今、過去とは異なって感じる部分などを探したりするのも楽しく、充実した時間です。

そうやって探したこだわりの1冊を読むのは早朝、「自宅のテラスで、煎りたて挽きたてのコーヒーを飲みながら」が多いですね。

ある方は「夕焼けの時間を選んで、ブルーマウンテンをお供に読む」。

また、「雰囲気が好きで、読書は決まって○○ホテルのコーヒーラウンジ」という方、「大型書店に併設されているコーヒーショップで読む」という方もいます。

いずれにしても「こだわりの1冊」とコーヒーは相性がいいようです。

幸せなお金持ちへの道
直感で「手元に置きたい」と思った1冊から新しい世界が広がる。

自宅で高級ビールをお供に映画を鑑賞する

「プレミアム・ダイニング・シネマ」をご存じですか？

アメリカを中心に近年、100カ所以上の劇場で導入され、世界的に注目を集めている「映画鑑賞サービス」です。

映画を観ながらナイフとフォークで料理を味わい、ビール、ワイン、カクテルなどのアルコールをグラスで楽しむ、上映中の追加オーダーもできる、新スタイルの映画館です（「ユナイテッド・シネマ」HPより）。

日本では、福岡県福岡市の商業施設・キャナルシティ博多内に初めてオープンし、映画好きだけでなく、「記念日」や「誕生日」など特別な日を彩るイベントとしても利用されています。

気軽に楽しめる「カジュアルシート」（チケット料金＋基本食事代千円）、リクライニングシートでくつろげる「ラグジュアリーシート」（チケット料金＋基本食事代2千円）が設置され、席でドリンクとフードを注文。追加料金はオーダー時に支払う（上映中にも注文ができます）。

スタッフが座席までドリンクやフードをサーブしてくれるというものです。映画館に居ながら、レストランのように食事が楽しめるなんて最高ですよね。

「プレミアム・ダイニング・シネマサービス」を楽しめるのは、今のところ「ユナイテッド・シネマ　キャナルシティ13」のみと聞いていますが、東京近郊にできたならば、何をおいても出かけます。

映画×グルメ×アルコールの相乗効果で、心地よさはマックスになるでしょう。私はアルコールが苦手ですが、ペリエやノンアルコールビールにソーセージとポテトの盛り合わせやチーズの盛り合わせ、パニーニなどをいただくシチュエーションを考えるだけでも楽しいものです。

ならば、自宅でもちょっと工夫してみましょう。

普段は「第3のビール」や「発泡酒」「一般的なビール」を飲んでいる方も、ちょっと高めな「こだわりのビール」や「クラフトビール」「銘柄ワイン」「シャンパン」など小さな贅沢をして、傍らにはチーズやナッツ、ハムやソーセージなどのおつまみも奮発して、お気に入りの器に美しくあしらう（山盛りや袋を抱えるスタイルではムードが台なしです）。

テーブルにはランチョンマットや花。くつろげるスタイルで大型テレビやパソコンの前でスタンバイ。

レンタルしてきた映画や映画専門チャンネル、地上波やBSでも名画がオンエアされていますから、**「プレミアム・ダイニング・シネマ」にならって「プレミアム・お家ダイニング・シネマ」を気取る**のもおすすめです。

これは私が、コロナ禍がきっかけで始めたイベントです。不定期ですが、イベントの日は掃除を入念にして、映画鑑賞を始める前にはお気に入りのＢＧＭをかけ、照明にも凝ります。

ダウンロードした「開場を知らせるブザー」や「拍手音」を鳴らしたり、部屋全体は暗く手元を照らす間接照明だけにして、「プレミアム・お家ダイニング・シネマ」に没頭しています。

これによって日常を忘れ、気持ちをリセットできる。

「幸せを実感する」千円台でできるお楽しみです。

幸せなお金持ちへの道

「プレミアム・お家ダイニング・シネマ」で幸せを実感する。

「お金持ちが住む街」に出かける

私は「お金に恵まれている人たちの空気」を感じるために、彼らが住む街を散歩することを20年来続けています。

あなたの住む場所の近くに相応しい街があるならば、もちろんそちらで構いませんが、誰もが知る「豪邸街」や「お屋敷町」を歩くのもおすすめです。

東京ならば、「松濤」（渋谷区）、「田園調布」（大田区）、「白金」（港区）、「番町・麹町」（千代田区）など。

関西ならば、大手企業の経営者や大学教授などが居を構える兵庫県の「芦屋」（芦屋市）、数多くの高級邸宅が並ぶ「苦楽園」（西宮市）、眺望が楽しめ瀟洒《しょうしゃ》な住宅が多い「御影」

（神戸市）などがあげられます。

ほかにも地元人だからこそ知る「お金持ちが住む街」があるでしょう。

そうした街には著名人や文化人が住み、隠れた名店が多く、街路樹が綺麗に手入れされ、歩道にごみが落ちていたり、立て看板が乱立していたり、電柱にビラが貼ってあったりということは先ずありません。

「わざわざそんな場所に出かける意味なんてないでしょう」「時間とお金の無駄遣いだ」と思う方もいらっしゃるかもしれませんね。

でも私は、**お金持ちの街を散歩することは、いい意味でカルチャーショックを受け、その刺激が働く意欲やお金へのリスペクトにつながる**と思っています。

頭で「幸せなお金持ち」をイメージしても、そういう方々が集まる場所に行き肌で感じないと、現実という形にはならないと思います。

ですから「お金持ちが住む街」に出かけるのがいいのです。

「お金持ちの街」の散策は、お金へのリスペクトと働く意欲をかき立てられる

大阪に出張した折には、帝塚山や芦屋の「六麓荘町」に足を延ばしたこともありました。熱海在住の今は、文豪や財界人の別荘が建ち並ぶ秘密の場所への散歩が、休日の楽しみになりました。

そうして得た刺激は、お金へのリスペクトを高め、働く意欲をかき立ててくれます。金銭的に厳しい状況だった時も、「私はお金に恵まれている！」と信じ、乗り越えてこられたのは、この習慣のおかげだと思っています。

これをばかばかしいと思うか、やってみようと思うかは、あなたが決めることですが、いい気を感じることは疑いようがありません。

見えないものを信じて行動することをためらう方も、いらっしゃるでしょう。でも私たちは成功するかわからない案件にトライしたり、儲かる保証などない仕事にチャレンジしたり、利益を得たいと危険を感じながらも投資をしたりするということもあります。それらのリスクに比べたら、**お金持ちの街での散歩は「時間と交通費の消費だけ」**です。働く意欲やお金へのリスペクトというメリットは、確実に受け取れますから、「お金持ちの街」へ出かけてみてはいかがでしょうか。

地方や地域によっては「お金持ちの街」が探しにくいという方もいらっしゃるでしょう。

そういう方は、重厚な土壁と美しい植栽に彩られた「邸宅」や、高級旅館かと見紛うような「純和風のお宅」、代々続く「酒蔵」や伝統醸造を守る「醤油《しょうゆ》蔵」などがある場所、一流企業の創業者の別荘が集まる軽井沢や箱根などのお屋敷街を、旅行の折には「散策スケジュール」に組み込むのもいいでしょう。

ただし、誰のお宅かわかるように表札を入れて写真を撮ったり、動画をネットにアップしたりするのは愚かな行為です。

そんなことは決してしないで、「お金持ちの気」を全身で感じてくださいね。

幸せなお金持ちへの道

「お金持ちの街」を散歩することは、働く意欲やお金へのリスペクトにつながる。

「寄席」で一日楽しむ

一回の寄席《よせ》は3～4時間。映画やコンサートに比べると長い印象を受ける方もいらっしゃるかもしれませんが、中入り（休憩）が入り、何人もの落語家が入れ替わり立ち替わり高座に上がり、演目をかけていきますし、落語だけでなく、講談や漫談、漫才、太神楽《だいかぐら》や手品、紙切りなど様々な演目が用意されていて、あっという間に時間は過ぎていきます。

初めて寄席に足を踏み入れたのは45歳の時。上野「鈴本演芸場」でした。

商談がうまくいかない。営業をしても相手にされない。当時は「女社長が考える商品などたいしたことはない」とか、「業界の経験が浅いから常識を知らない」とかいうような、今では考えられないような厳しい発言があった時代。

その日もキツイ言葉を受け意気消沈。商談先から重い足を引きずりながら上野の街を歩いていた時、目に飛び込んできたのが「真打昇進襲名披露興行」と銘打ったのぼりでした。

落語や漫談、漫才などに興味があったわけではありませんし、寄席に行く発想などまったくなかった私でも、「真打昇進襲名披露興行」がいかに栄えあるものであるかは、理解できました。

そんなハレの興行に出会うのは縁起がいい。一流の落語家の芸を生で鑑賞する機会などそうあるものではない……。


振り返れば、落ち込んでいた自分に「笑い」で余裕を持たせたい。思い切り笑えば、嫌なことなど吹き飛んで平常心に戻れると考えたのですね。

そして夜の部に入場。3千円ほどだったと記憶しています。

最初は「メインの落語家（真打）がひたすら落語をするのかしら？」と考えていた

のですが、いい意味で裏切られました。寄席では、メインの他にもさまざまな落語家の噺《はなし》が聴け、しかもどれもが面白い。もちろん「真打」の芸には圧倒されました。世間話をしていたかと思ったら、いつの間にか本題に入っている、話題の切り替えのスムーズさは見事。声と所作だけで聴衆を自分の世界に引きこませる落語家の噺に聴き惚れ、あっという間に時が過ぎました。

帰り道は足取りも軽やかになって、「話術も学べるのではないかしら？」という考えも生まれました。

それから時間を見つけては、東京上野の「鈴本演芸場」や新宿の「新宿末廣亭」、池袋の「池袋演芸場」、大阪出張の折は天満の「天神繁昌亭」で上方落語の魅力に触れてきました。

話し方が軽妙な知人がいるのですが、もしかしたら落語や漫談などに造詣《ぞうけい》が深いのかと思い、「話し方が上手になるには何が役立ちますか？」と尋ねたところ、「落語がいい！　落語家の話し方や表現は勉強になる」とのこと。

寄席で楽しむのは心の余裕を得るだけでなく、話術（コミュニケーション力）を磨くのにも役立って、一石二鳥と確信しました。

寄席デビューから15年。ラジオ収録で有名な落語家（真打）と対談をする機会を得たのですが、

「臼井さんは間がいいね。話の間、答える間……。話が軽快で落としどころもわかっていて。落語好きですか？」

と聞かれたので、もちろん「大好きです」と答えました。その方の「独演会」はチケットが争奪戦になるほどの人気なのですが、何とかして出かけています。

寄席はハードルの低い「伝統芸能」。価値ある千円札の使い方ではないでしょうか。

幸せなお金持ちへの道

「寄席」は一日楽しめる大人のワンダーランド。

「一幕見席」で気軽に歌舞伎鑑賞

「歌舞伎を一度は見たいけど、ハードルが高そう」と感じている方もいらっしゃると思います。そういう方におすすめなのが、**歌舞伎座の「一幕《ひとまく》見《み》席《せき》」**。

文字通り、**一幕だけをお得に見ることができる席で、500〜2千円程度で歌舞伎を楽しめます**。

歌舞伎は昼の部、夜の部それぞれが3〜4演目で構成され、好きな演目だけを見ることが可能で、演目によっては1幕30分ほどで終わるものもあるので、銀座でちょっと時間がある時など気軽に鑑賞できます。

チケット売り場は、歌舞伎座一階正面玄関左側にあり、販売開始までは歌舞伎座の外（係員が誘導してくれる場所）で待ちます。そして、窓口で観たいお芝居を伝えて、チケットを購入します。

ただし一幕見席は4階で、花道は一部しか見えませんが、舞台全体を見渡せるので迫力や臨場感は、1階席〜3階席に引けをとりません。前売りチケットが手に入らなかった方や、好きなお芝居だけを観たい方、何度も同じお芝居を観たい方など、一幕見席を活用されている方は多い印象を受けます。

1階〜3階には入れない（一幕見席のチケットでは、歌舞伎座のレストランや売店へは入れない）という制限はありますが、筋書は買えますし、お芝居をナビしてくれる音声ガイドも借りられます。

かつては「歌舞伎は着物で鑑賞するもの」とか「高貴な趣味のようで馴染めない」と関心を抱かなかったのですが、歌舞伎役者がテレビドラマや映画で活躍したり、若手の歌舞伎役者がバラエティー番組に出演したりする姿を目にして、「お気に入りのアーティストのライブに出かける感覚で行けばいいのかな」「銀座に出かける折に、ちょっと行ってみようかな」、そんなノリで最初に一幕見席で鑑賞したのは10年ほど前。歌舞伎に馴染みがない私でも名前は知っていた演目「勧進帳」（1500円・夜の部）でした。「勧進帳」は歌舞伎の代表作ともいえ、上演回数の多さから、舞台となっている「安宅《あたか》の関」をもじって「またかの関」とも呼ばれています。手に汗握る攻防に目が離せないお芝居で、長唄も心地好いですから、歌舞伎デビューにはぴったりだったと思います。

今は、女形の所作に注目しています。女性らしい体つきに見せるため肩を下げて内に入れ、歩幅を小さく内股にして歩くだけでも、肉体的にきついうえに、30キロにも及ぶ衣装を身につけ、長時間にわたる演技をする場合もあるのですから、女性ではとてもマネできない。肉体的に鍛え上げられた男性だからこそできるのだと感心するばかりです。

また若い役者が演じるお姫様は、初々しくて愛らしいのですが、ベテラン役者が演じる女性は、上品で色気があります。

お芝居をナビしてくれる音声ガイドも借りますが、今では演目の時代背景「歴史」を予習してから伺います。

花道の近くで舞台芸術を堪能したり、役者さんを身近に感じたい時には1等席、全体を観たい時には3階席、1幕だけ観たい時には一幕見席と目的別に使い分けるのもいいですね。

幸せなお金持ちへの道

一幕見席を活用すれば、毎月歌舞伎鑑賞をするのも夢ではない。

「プラネタリウム」で瞑想状態を体験できる

40年ぶりに「プラネタリウム」に出かけたのは、友人からの「プラネタリウムで味わう気持ち良さは、ヨガの瞑想で体験する没入感に似ている」というひと言がきっかけでした。

東京に住んでいた頃、ヨガの個人レッスンを受けたことがあるのですが、その時頭の中が空っぽになり、体が浮遊するような不思議な感覚が強烈にあったのと、プラネタリウムが進化しているという話を聞きつけ、一人で出かけました。

場所は「コニカミノルタプラネタリア TOKYO」（有楽町）でした。その時は、「星地巡礼 -Premium Nights-」という作品が上映されていて、星空を巡る旅をする、天の川を見上げ思いを馳せる、星座や神話に触れる、宇宙を旅する、流れ星に願いを込める……というような非日常感に心がほぐれ、宇宙旅行をしているかのような満足感を得ました。料金は千円台からあります。

住まいがある熱海でも毎夜「空」を見上げ「明日もいい日になりますね」とつぶやく習慣がある私ですが、空気のキレイな熱海といってもプラネタリウムで目にする大迫力の星座や星の美しさにはかないませんし、宇宙とつながっているという感覚は、プラネタリウムならではのものですね。

一瞬で、かつて渋谷にあった五島プラネタリウムに父に連れて行ってもらった子どもの頃に。そこには目を輝かせ、好奇心を働かせ、星を追い星座を見つける自分がいました。感激して胸の奥が熱くなって、目にはうっすら涙も。神秘的で幻想的な時間は、瞬く間に過ぎました。

それから折を見つけては、プラネタリウムに通うようになりました。そうするうちに友人が言っていた「ヨガの瞑想で体験する感覚らしきもの」がなぜ生まれるのか？が、私なりに理解できました。

「プラネタリウムは、瞑想状態を体験できる仕掛けに満ちている」のです。

プラネタリウムでは、ふかふかのソファに全身を預け、力が抜けている状態で横になります。これは「シャヴァーサナ」と呼ばれるヨガのポーズそのもの。一般的に、クールダウンに行うことが多いポーズとして有名です。

全身の力を抜き、ただ横たわっているだけですが、その時、自然と呼吸に意識を向け、自分の心と体に向き合っているのです。

プラネタリウムでは、壮大な空の映像を見ていると余計な考えは消えていきます。こうした映像の力も没入感を生み出す要素ではないでしょうか。

ヨガの瞑想のコツをつかむのには、ある程度の練習や継続した習慣が必要です。没入感を味わえるほど瞑想を深めるのには、たいへんな時間がかかってしまうでしょう。

ですがプラネタリウムでは、そういった瞑想が深まった状態をラクに味わえる気がしています。

思考を手放し、体を委ね、時間も空間も曖昧になるような不思議な感覚。プラネタリウムでは、そんな瞑想状態に手軽に入っていけるようです。

何よりも気持ちが良い。熟睡した後のようなスッキリとした感覚を覚える方も多いでしょう。

先ずは試しに、お近くのプラネタリウムに出かけてみてはいかがでしょうか。星空のダイヤモンド、星座の物語、心地よいＢＧＭ……静かで快適なオアシスに出会えますよ。

幸せなお金持ちへの道

瞑想に「プラネタリウム」を活用しよう。

「一人カラオケ」で全力で弾ける！

「一人でカラオケに行くなんて寂しい」とか、「一人で入るには勇気がいる」と思っている人も多いのではないでしょうか。

「一人カラオケ（ヒトカラ）」には、大人数でのカラオケとは違った魅力や、一人カラオケでしか体験できない楽しさがあります。

大勢で行くと、それなりに盛り上がる曲を選ばなければと思ってしまう人も多いでしょう。誰もが知っているような曲や、若い方に合わせて最新のヒット曲を、年配の方に合わせて昭和歌謡を選んでみたり。

上司や部下を伴っていくカラオケに至っては、仕事の延長。気の使い方は半端ではありませんね。

「好きな歌を歌って！」と取引先の部長に促された友人は、盛り上がるのは間違いないと十八番の「唱《しょう》」（Ado）をアクションを交えて歌唱したのはいいのですが、「何を言っているのか意味がわからない」と不評。

気を取り直し、部長世代を意識して、同期の女性を誘い「居酒屋」（五木ひろし＆木の実ナナ）を、大人ムードを漂わせてデュエットしたら、「セクハラになるぞ」と揶揄《やゆ》されたとのこと。

一人であればバラードを連続で歌ってもいいですし、ド演歌や民謡、童謡、マイナーすぎる曲でも好きなだけ歌えます。

私の場合、最悪に落ち込んでいる時には、中島みゆきさんの作品から泣ける曲をセレクト。「愚図」「ルージュ」「糸」「ファイト！」「ヘッドライト・テールライト」「地上の星」……泣きながら歌っています。

すると、落ち込みはどこへ行ってしまうのか？

体や気持ちが整って平常心に戻れます。

一人カラオケならば、完璧にマスターしていない曲でも歌えます。

歌の練習や歌詞の暗記など、好きなだけできるのも、一人カラオケの魅力ですね。同じ曲を何度も予約したり、途中で止めたりしても気にする人はいないので思い通りに練習ができます。

ボイトレや歌の練習をしたい人、講演会やセミナーで講師を務める人は、声出しや響きの確認で一人カラオケをするのもいいですね。

「歌うからには本気でやりたい」「人を感動させる歌」や「心が動かされる歌」を歌いたいと考える方には、人目を気にせず姿勢を正し、お腹から声を出し、歌の主人公になり切って歌える一人カラオケは最高の舞台です。

ちなみにマイクの持ち方、立ち方、佇《たたず》まい、表情、リズムの取り方、ノリ、歌詞の意味、主人公の思い、歌が描く景色、語尾の処理……考えつくすべてを意識して私は歌っています。

一人カラオケだと、順番待ちの時間がないので、2時間もあれば20曲以上は歌えるはず。短時間で心地好い疲労感があって、ストレス発散になります。料金も千円台で十分。何よりも「本気で歌う＝声を出す」ことは健康にいい。滑舌も良くなるので、月に2

回は利用しています。

それでも一人でカラオケ店に入るのは少し気が引けると思う人も大丈夫です。最近は、一人カラオケ利用者に向けたサービスも増えてきて、一人でも気軽に利用できるような環境が整えられています。

事前予約や部屋の指定が可能だったり、ヒトカラ専用の個室「一人カラオケルーム」がある店舗を持ち、レコーディングスタジオと同じ環境で歌を楽しむことができるチェーン店もあります。

せっかくお金と時間をかけて行くのですから、「部屋に入ったら全力で楽しむ」ことですね。

幸せなお金持ちへの道

「一人カラオケ」でストレスを発散する。

「丁寧な歯磨き」で見た目も良くなり健康も手に入る

仕事をするにも遊ぶにも、人生を謳歌するために必要なのは先ず健康。

病気になれば働くことができないだけでなく、大切なお金を失い、家族や周囲に心配をかけることに。さらに、これまで構築してきた「人脈や信用」まで失うことすらあります。

「健康は資産、病は負債」です。

私が知る限り「幸せなお金持ち」は、心身の健康の重要性を深く理解していて、合理的かつ費用対効果の高い健康法を取り入れています。

なかでも**「歯磨き」**には、余念がありません。

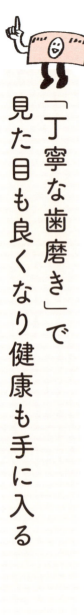

「歯は万病のもと」とも言われるくらい、虫歯や歯周病、歯槽膿漏《しそうのうろう》などの口内の病は、全身の病につながる可能性があります。

それに歯は表情や笑顔などを通じて、相手に与える印象に大きな影響を与えますから、歯列矯正や定期的な歯のクリーニング、ホワイトニングにもお金をかける「幸せなお金持ち」は多くいらっしゃいます。

そんな彼らを見習って、10年前から私も3カ月に一度、年に4回は歯科検診&クリーニングを受けています。健康増進イベントとして、スケジューリングしているのです。これは友人知人にもすすめています。

ただし、**健康な歯をつくる基本は日々の丁寧な歯磨き**です。

丁寧な歯磨きというのは、歯と歯茎の境目をブラッシングすることです。

私はせっかちなうえに、力任せにブラッシングする傾向があると自分でもわかっていたのですが、歯科検診の際に「臼井さん、歯ブラシがすぐにダメになるでしょう？歯だけを磨いているのもわかりますよ」とズバリ見抜かれてしまいました。

そして「歯磨き」の指導を受けました。歯と歯茎の境目には空気中では生きられない悪玉菌が潜んでいて、

「丁寧に10分くらいかけてブラッシングしてほしい」
「ケアに使う歯ブラシは、電動ブラシや高級品にこだわらず、普通のもので充分」
「デンタルフロスや歯間ブラシ、口内環境を良くするためにマウスウォッシュを使うのもいい」

と教えていただきました。これらを全部揃えても千円台。まさに、お金のかからない健康法です。

その時「口内環境が劣悪だと、脳も体も毒まみれになりますよ」と諭されました。衝撃的な言葉に「えっ？　本当ですか⁉」と聞くと、「大げさではありません」ときっぱり。それだけ、私の口内環境は悪かったのだと思います。

日本では、「80歳になっても自分の歯を20本以上保とう」と提唱されていますが、

私は数字を明確にして「80歳になっても自分の歯は28本」と、40代の平均本数を目標に、日々丁寧に歯磨きや口内のケアをしています。

せっかちで大雑把に磨いていた時には得られない爽快感と、**歯を綺麗にすることで、笑顔や表情に自信も得て、これほど費用対効果に優れた投資はない**と考えています。

年に4回の歯科検診&クリーニングを実践している友人知人の中には、80歳を迎えた方もいますが、ほぼ自分の歯で健康そのもの。

仕事にも意欲的で、「後進の指導や新規事業の開拓と、実業家として生涯現役を貫く」とおっしゃっています。

口腔機能の向上は、健康寿命を延ばすと言われていますから、間違いないでしょう。

幸せなお金持ちへの道

丁寧な歯磨きは、費用対効果が大きい投資。

毎月一日に朝イチで氏神神社に参拝し、リセットする

私は毎月一日には、氏神である熱海の來宮神社《きのみやじんじゃ》に「先月も豊かに過ごせました。ありがとうございました」とお礼を伝えに参拝します。

この行いは、心を清め正し、知らず知らずに芽生える悪い気を振り払うことができる気がして、20年以上続けています。

全国各地には、正月の元旦を始めとして、毎月一日（朔日《ついたち》）に神社にお参りし、新しい月の無事を祈る**「お朔日参り」**の風習が残されていますが、私の場合は、

「物事は一から始まる」

「困った時は一（スタート地点）に返る」

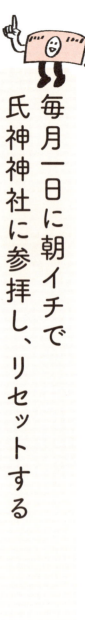

「一（初心）を忘れない」

というように、生き方の指針が「一」。

さらに「いちいち文句を言わず、やりたいことをやる！」というちょっとした遊び心から、毎月一日に神社に参拝するようになりました。

一日は早く起き、体を清める意味で入浴して、新しい下着を身につけ、午前8時には來宮神社に参拝に伺います。

昼間は観光客で溢れる神社ですが、その時間に訪れる人は先ずなく、玉砂利を踏みしめながら境内に向かうと、清涼な空気の中に「さく・さく・さく」と心地好い音が響きます。

この感覚は、参拝者が少ない「朝イチ」でないと、なかなか得られないものです。その音を意識することで、心身ともに清められた状態でお参りすることができる。

晴れの日には太陽光が玉砂利に反射して、何とも綺麗。神社をさらに荘厳に見せているようです。

ちなみに玉砂利の「玉」は、たましい（魂）、たま（霊）、みたま（御霊）を意味していて、「美しいもの」や「大切なもの」という意味も併せ持っているといいます。

音に心身が清められる気持ちがするのは、そういう意味なのですね。

42歳頃までは神社は初詣に行く場所程度の認識で、氏神様を意識したことも参拝の作法も知らず適当につきあっていました。

それだけが理由ではないでしょうが、お金の出入りも私自身の喜怒哀楽も激しかったのです。

今は「ピン札の千円」をお賽銭《さいせん》にしていますが、当時は「千円なんてもったいない」と、せいぜい「100円」、時に「5円」をお賽銭にしていました。

汚れた小銭が手元にあるのが嫌で、お賽銭箱に投入していたこともありましたね。

振り返れば恥ずかしい限りです。

私は、特別信心深くはなく、現実に見えるものしか信用しないのが基本ですが、**毎**

神社の「お朔日参り」は、邪気を祓い自分をリセットする大事な行い

月一日の朝イチに氏神神社に参拝することで、神聖な気に触れ、日常生活の中で生じた心の乱れや垢《あか》、無意識に犯してしまった罪や穢《けが》れを洗い流し、リセットできると考えています。

20年余り毎月一日の「朝イチ参拝」を続けるうちに、そんな確信を得ました。

参拝で「願望成就」や「幸運を引き寄せる」ことを期待するのもわかります。

でも私は、**目に見えないものの力に感謝し、自分自身を正すための参拝が、「幸せなお金持ち」には相応しい**のではないかと思っています。

幸せなお金持ちへの道

神社参拝は神頼みではなく、「豊かさへのお礼」と悪い気を払うため。

「豊かさのわかちあい」で人生が変わった！

毎月一日の來宮神社への「お礼参拝」と同時に、**大きな豊かさ＝大きな収入を得られたら、独り占めしないで周囲の方へのお礼や社会に還元する**、さまざまな形で寄付や寄贈を積極的に行うようになりました。

これらは「幸せなお金持ち」が共通して実践していることです。

そして微力であっても、寄付ができる自分に誇りを持つようになりました。

かつては、**寄付は有名人や大金持ちが、善行をしながら知名度を上げる術**と思っていました。

自分とは関係ないと思っていた私が、こうなるとは、まったく想像していませんでした。

ただし、仕事も社会も「チームワーク」で成り立つのですから、誇りは持っても、「自分一人で成し遂げた」なんて傲慢に考えることはありません。

第1章でもお話しした「千円寄付」をはじめ、さまざまな身の丈に合った寄付を積極的に行うようになってから、私は変わったのです。

お金の心配や人間関係の困りごと、健康不安などに苦しめられるのではなく、**「今を楽しみ感謝すれば、良いことが起こる」**と心から考えられるようにもなりました。

生涯かけて続けられる仕事（執筆や講演活動）や、適度な距離感が心地好い人間関係、歌うという生きがい。その生きがいが仕事になったりもします。

月に一度の神社へのお礼参拝や身の丈に合った寄付や寄贈といった「豊かさのわかちあい」で、申し訳ないほどの豊かさを得ました。

今の私は「幸せなお金持ち」と胸を張って言えます。

この20年余り、積極的に「幸せなお金持ち」と交流してきました。

彼らを手本に自分を変え続けてきました。

これからは、私が経験してきた「幸せなお金持ち」になる考え方や行動、あらゆる術を社会に還元するのも役割だと考えています。

幸せなお金持ちへの道

お金の心配をせず、今を楽しみ感謝する。

おわりに

最後までお読みいただき、ありがとうございました。

「幸せなお金持ちになるのは難しいことではない」

「これなら私にもできる！」

と思っていただけたら嬉しい限りです。

そして……その思いを、今日これからでも行動に移してくださいね。


亡き夫が残した多額の負債を抱え、その返済のために丸裸になったのは、20年ほど前。絶望の淵《ふち》をさまよい、「死」を考えた時期すらありました。

そんな私が、今ならば胸を張って言えます。

「私は幸せなお金持ちだ」と。

単に負債を完済したというだけでなく、仕事や人に恵まれる日々を私は歩んでいます。将来への不安を抱くこともありません。

「明日が待ち遠しい」と心から思えるのは、「意味がある、喜びを与えてくれる千円札の使い方」を実践してきたからにほかなりません。

「紙幣界のスーパースター千円札」を味方にすれば無敵です。

本書にある術を活用すれば自信が生まれ、縁や運も味方して「お金に恵まれる人生」を手に入れることができます。

最後に、この本に関わってくださったすべての方に心から感謝いたします。

そして、何よりも本書を手に取ってくださったあなたに最大の感謝をこめて、

「ありがとうございました！」

あなたの人生には、明るい未来が待っています。

そう、すでに「幸せなお金持ち」に向かって動き出しているのです。

臼井由妃

臼井由妃（うすい・ゆき）
東京生まれ。著述家、講演家、行政書士、宅建士、栄養士、熱海市観光宣伝大使。33歳で結婚後、ガンで余命半年と宣告された夫を支えながら、独自の発想法と行動力でヒット商品を次々に開発、通販業界で成功を収める。当時多額の負債を抱えていた会社を年商23億円の優良企業へと導き、その手法は各種メディアで紹介され話題となり、テレビ番組『マネーの虎』に出演、「銀座の女社長」としてマスコミに注目される。
経営者・講演家・作家として活躍する傍ら、行政書士・宅建士など資格を短期一発取得。その実践的な勉強法や仕事術、知識の広さには定評があり、数多くの書籍を世に送り出す。
著書は、『55歳から「お金の不安」がなくなる生活術』（アルソス新書）、『55歳からやりたいことを全部やる！時間術』『やりたいことを全部やる！時間術』（共に日経ビジネス人文庫）、『できる人はなぜ、本屋さんで待ち合わせをするのか?』（知的生きかた文庫）、『資格を稼ぎに変える 最高の勉強法』（明日香出版社）など。ベストセラーも多数で、著書累計は170万部を突破。ビジネス書から健康書、自己啓発書、女性の生き方など、幅広い分野で執筆中。

幸せなお金持ちほど「千円札」を大事にする
才能も努力もいらない「お金に困らない人」がやっている当たり前

2025年2月26日　第1版第1刷発行

著　者　臼井由妃
発行所　株式会社 WAVE 出版
〒136-0082 東京都江東区新木場1丁目18-11
E-mail：info@wave-publishers.co.jp
https://www.wave-publishers.co.jp

印刷・製本　中央精版印刷株式会社

NDC159　223p　19cm　ISBN978-4-86621-510-5